하루 한 번,
심리학 공부를
시작했다

위더즈 지음

우디 옮김

하루 한 번, 심리학 공부를 시작했다

관계, 삶, 일이 술술 풀리기 시작했다

심리학이 나에게 힘이 될 줄이야!

더퀘스트

3장. 나를 단단하게 만드는 여섯 가지 열쇠

4장. 복잡한 생각을 멈추는 법

7장. 삶의 고민에 대처하는 법

시작하는 글

마음이 계속 힘든 이유

심리상담을 하다 보면 많은 내담자가 비슷한 이야기를 한다. "아무것도 안 했는데 너무 지쳐요." 내담자들은 피로하고 어지럽고 집중이 안 되고 반응 속도가 떨어지고 기억력도 떨어진다고들 한다.

"잘 자고 일어났는데도 왜 머리가 흐리멍덩하고 무거울까요?"

"학교는 휴학했고 매일 하는 일도 없는데 왜 이렇게 피곤할까요. 왜 침대에서 기어 내려갈 힘도 없을까요?"

이들은 자기 자신에게 무슨 일이 일어나고 있는지 모르고 있다. 사실 모든 '왜'의 배후에는 격렬한 자기 투쟁이 있다. 내 생각과 감정을 무시하고 회피하는 데 많은 에너지를 쓰고 있는 것이다.

울고 싶은데 울면 창피할 것 같아서 억지로 웃는다. 억울한 일을 당해 따지고 싶은데 그러면 갈등만 생길 것 같고 귀찮은 일에 얽히기 싫다는 생각에 참고 만다. 점점 내면의 느낌과 욕구를 억누르기 시작하고 습관적으로 도피와 침묵으로, 심지어는 웃는 얼굴로 외부에 대응한다.

실패하거나 우울할 때는 이런 목소리가 마음을 흔든다. '너 정말 형편없구나! 제대로 하는 게 하나도 없어! 쓰레기! 넌 끝났어.' 그 바람에 현실의 고통에 더해 자기 심판의 고통까지 견뎌야 한다. 사실 내담자뿐 아니라 거의 모든 사람이 일상에서 비슷한 느낌을 받는다. 하는 일은 많지 않은데 스트레스는 심하다. 그 원인은 바로 자기 투쟁이 야기하는 내적 소모다!

나는 내적 소모를 '주의력 분산, 생각의 혼란, 감정과 이성의 충돌로 인해 내 안에서 지속적으로 일어나는 자기 투쟁'으로 정의한다. 내적 소모는 주의력, 기억력, 판단력, 자제력 등 정신적 자원을 갉아먹고 행동하는 힘을 약화시키며 심지어 파괴해버린다.

내적 소모는 일상생활에 가득하다. 자기 자신을 탓하고 의심하고 압박할 때, 자기 생각에 반박과 설득을 시도할 때, 자기 느낌을 압박, 부정, 무시할 때, 타인과 환경 심지어 사회를 통제하려고 할 때 내적 소모라는 자기 투쟁이 생겨난다.

내적 소모는 큰 해악이다. 생리심리학에 따르면 주의력, 기억력, 자제력, 판단력 등 정신적 자원은 제한적이며 소모될 수 있다. 자원을 이렇게 써버리면 실제 도전을 마주하고 문제를 해결할 때 피로, 무감각, 주의력 분산, 무딘 반응 등의 문제를 아주 쉽게 겪을 수 있다. 또한 자기 투쟁으로 인한 내적 소모는 한번 생긴 마음의 고통을 끊임없이 확대하고 심화한다.

완벽을 추구하는 문화 그리고 대뇌의 충돌

자기 투쟁은 어째서 멈출 수 없을까? 답은 '공포'에 있다. 현대 인간은 주로 두 가지에서 공포를 느낀다. 첫째는 집단 내 배척이고 둘째는 실제 자아와 취약점이 다른 사람 앞에 드러나는 것이다. 우리는 이로부터 도망치기 위해 자신을 숨기고 타인에 영합한다.

자기 투쟁의 핵심 원인은 주류 문화에 있다. 우리는 어렸을 때부터 이런 가르침을 반복적으로 받아왔다.

"적극적이고 유쾌하고 긍정적인 사람이 돼야 해." "분노, 슬픔, 공포 같은 부정적인 에너지를 퍼뜨리면 안 돼. 아무도 좋아하지 않을 거야." "두려워하지 마. 두렵다는 건 나약하다는 거야." "울지 마. 나약해 보여."

이러한 사회 분위기 속에서 우리 대부분은 타인이나 사회의 기대에 부응하기 위해 부족한 면을 숨기고 불쾌한 부분을 감추며 가장 근사한 면을 드러내기 위해 노력한다. 자신이 속할 곳을 찾고 스스로를 보호하기 위해 자아를 통제한다. 의식하지 못한 채 머릿속에서 자기 자신과 이런 대화를 한다.

'사람들이 실제 내 모습을 보면 실망할 거야!' '성과 좀 올렸다고 마음 놓으면 안 돼. 더 독하게 일하고 나를 채찍질해야 해. 그러지 않으면 사회 밑바닥으로 떨어질 거야. 사람들이 날 무시할 거라고!' '세상에, 이 문제를 놓치고 있었다니 이렇게 창피할 수가. 아래 직원들이 절대로 알아서는 안 돼. 분위기 좀 잡아놔야겠어.' '조심해야 해. 절대 실수하면 안 돼.'

이런 대화 속에서 우리는 자신을 위장하며 계속해서 나약한 면을 숨기는 방식으로 일상을 통제한다. 완벽을 추구하고 현실을 무시하며 변화를 배척한다. 모든 것을 통제할 수 있다는 착각에 빠진다.

실수를 두려워하고 완벽을 추구하는 문화가 내적 소모의 근본 원인이긴 하지만, 문화적 영향의 배후에는 대뇌의 기능적 분업과 협조 시스템이 있다.

뇌신경과학에서는 대뇌가 감정의 뇌emotional brain, 이성의 뇌rational brain 등 서로 다른 몇 개의 부분으로 나뉜다고 본다. 감정의 뇌는 감정과 정서를 책임지며 직감적으로 판단과 선택을 내린다. 일상생활의 90퍼센트를 책임지며 우리 대부분을 쥐락펴락한다. 이성의 뇌는 분석, 판단, 선택, 결정을 책임지며 일상에서 활성화되는 시간은 10퍼센트도 되지 않는다. 감정의 뇌와 이성의 뇌가 순조롭게 협력하면 평온하고 만족스럽다는 느낌을 받지만 충돌하면 위에서 언급한 내적 소모가 시작된다. 이성이 감정을 억누르거나 감정이 이성을 뭉개버리는 것이다.

스탠퍼드대학교 심리학과 제임스 그로스James Gross 교수의 연구에 따르면, 가면을 써서 감정을 억누르려고 할 때 혈압은 올라가고 반대로 내면의 감정과 밖으로 표현된 감정이 같을 때 혈압은 떨어진다.

문화는 어디에서나 영향을 끼치며 대뇌의 기능 차이도 늘 존재한다. 멈추기 어려운 내적 소모는 이 두 가지가 함께 만들어낸 산물이다. 이 책의 목표는 내적 소모를 효과적으로 처리하는 방법을 명확히 짚어 사람들이 원하는 삶을 새로이 시작할 수 있게 돕는 것이다.

이를 위해 인지, 기술, 습관 세 가지 차원에서 입체적인 해결법을 제시할 것이다.

1. 새롭게 인지하기

인지는 건강에 영향을 끼친다.

위스콘신대학교 의학 및 공공보건 단과대의 아비올라 켈러^{Abiola} ^{Keller} 교수의 연구팀은 스트레스에 대한 태도가 다른 미국인 3만 명을 8년에 걸쳐 추적한 결과 스트레스 수치가 높은 사람 중 스트레스가 건강에 해롭다고 믿은 사람들의 사망 위험은 43퍼센트 상승한 반면 스트레스가 건강에 영향을 끼치지 않는다고 여긴 사람들의 사망 위험은 그보다 낮았다.

또한 한 심리학 연구에서는 사람들의 생리 반응을 측정해 일반적으로 스트레스 상태에서 혈관이 수축한다는 사실을 발견했다. 하지만 스트레스를 받아도 스트레스가 무해하다고 생각한 집단에서는 뚜렷한 혈관 수축이 보이지 않았다. 잘 알려져 있듯 지속적인 혈관 수축은 몸에 해롭다. 그래서 연구진은 중요한 결론을 내렸다. 스트레스가 어느 정도 선까지는 건강에 영향을 주기도, 주지 않기도 한다. 그러나 스트레스가 건강에 안 좋다고 믿으면 반드시 건강에 해를 끼친다.

새로운 인지는 문제 해결 방식을 바꿔놓기도 한다. 우리는 종종 행동으로 옮기지 못하는 일이 있으면 지식이 부족하거나 태도가 옳지 않아서라고 생각한다. 그래서 곤경에 빠지면 정보를 찾고 태도를 바꿔 국면을 바꿔보려 한다. 하지만 알거나 원한다고 해서 모든 게 변할 수 있는 것은 아니다.

수많은 내담자가 상담사와 몇 개월 심지어 몇 년에 달하는 상담을 하고 나서도 '할 수 없다'는 느낌을 받을 수 있다. 그리고는 종종 자책과 내적 소모의 함정에 빠진다. 사실 새롭게 인지한다는 것은 새로운 정보나 새로운 태도를 넘어서 효과적인 해결 방안을 찾아간다는 의미다.

우리는 종종 이렇게 기대한다.

'고통받고 싶지 않아. 행복해지고 싶어.' '더는 애태우며 우울하게 살고 싶지 않아.' '지나간 일이 없었던 일이 되면 좋겠어.'

이런 잘못된 기대는 지속적인 우울과 고통을 몰고 오는 근본 원인이다.

2. 효과적인 기술 익히기

상담을 하다 보면 내담자가 막막해하고 무기력해하는 경우가 참 많다. 하지만 내담자들의 고통이나 문제의 심각성보다 놀라운 지점은 상담사들이 내놓는 대응 방안이 충분하지도 효과적이지도 않다는 것이다.

가장 기본적인 '받아들이기'를 예로 들어보자. 많은 내담자와 상담사가 받아들이기가 내적 소모를 처리하는 효과적인 방법이라는 것을 알고 자신과 현실을 받아들이기 위해 연습하지만 많은 경우 방법이 잘못 됐다.

이를테면 어떤 사람은 잘못을 저지르고 이렇게 말한다. "예, 제가 또 망쳤습니다. 비참하지만 이 현실을 받아들이겠습니다. 전 그야말로 쓰레기입니다. 이미 바꿀 도리가 없습니다." 이건 받아들이는 게 아니라 '난 본래 그런 인간'이라는 일종의 비관적 숙명론이다. 받아들이기란 이런 것이다. "예, 제가 또 망쳤습니다. 그래서 아주 비참

합니다. 계속해서 '난 쓰레기야. 이미 바꿀 도리가 없어' 하는 머릿속 목소리에 주의를 **빼앗깁니다**."

한 엄마는 상담사의 권유에 따라 또래 친구들을 때리고 우는 아이를 안아주면서 "엄마는 널 이해해"라고 말한다. 엄마는 정말 아이를 받아들인 걸까? 엄마는 그때마다 큰 소리로 부정하는 아이를 보게 될 뿐이다. "엄마는 날 이해 못 해! 엄마는 날 몰라!" 받아들인다는 건 이해한다는 말로 간단히 되는 게 아니다. 자아를 버리고 아이의 감정을 실제로 느껴보는 것이다. "다른 아이들이 네 말을 들어주지 않을 때, 네게 마음 써주지 않을 때 어찌해야 할지 몰라 힘들겠구나." "힘들면 시원하게 울어도 괜찮아!" 이런 게 아이를 받아들이는 시작이다.

심각한 우울증을 겪는 한 내담자는 늘 무력감과 무가치감에 시달리고 그 감정들을 두려워하며 자신이 어리석은 짓을 하지나 않을지 걱정한다. 그래서 자신을 설득하고 받아들이기 시작했다. "그냥 좀 지친 거야. 벗어나려고 발버둥 칠 필요 없어. 괜찮아. 무력감은 잠깐 왔다가는 삶의 한 토막일 뿐이야. 완전히 없애버릴 방법도 없지만 그냥 둬도 별 문제 없는 걸." 이게 정말 받아들이는 걸까?

진정한 받아들이기란 저렇게 억지로 설득하고 위로하는 게 아니라 자기 자신에게 이렇게 알려주는 것이다. "무력하고 무가치하다는 느낌이 들 때면 머릿속에서 이런 목소리가 쉼 없이 들려. '사는 게 무슨 의미가 있지?' 하지만 이건 내가 옴짝달싹못할 때 느끼는 생각일 뿐이야. 이런 생각을 하면서도 계속 살아갈 수 있어."

받아들이기란 말로 대강 하고 넘어가는 게 아니라 가슴을 활짝 연 체험이어야 한다. 객관적으로 사실을 묘사하고 감정과 생각을 관찰하면서도 그 생각과 감정에 끌려가지 않아야 한다. 받아들이는 과정에서는 생각, 감정, 행동이 소모되지 않는다. 객관적인 관찰과 열린 자세 그리고 지속적이고 효과적인 행동이 존재할 뿐이다.

그러려면 효과 있는 방법을 찾아 연습하고 새로운 습관을 익혀 기존의 문제 처리 패턴을 바꾸는 것이 필요하다.

내 딸아이는 중학교 1학년 때 기숙학교에 다녔는데 학교에서 매달 영화를 보여줬다. 어느 금요일, 딸아이를 데리고 집으로 돌아가는 길에 딸이 학교에서 미국 액션 영화 〈페이스 오프Face Off〉를 봤다고 했다.

"아빠, 이 영화 공포 영화보다 더 무서워."

"어떤데? 무서운 장면이라도 있었어?"

"응. 얼굴을 바꾸는 수술 장면이 나오는데 엄청 무서웠어. 얼른 눈을 가리기는 했는데 그래도 몇 장면 봤거든. 그리고 그날 밤에 갑자기 잠에서 깬 거야. 그런데 머릿속에서 그 무서운 장면이 계속 떠오르는 거 있지."

"무서웠겠네! 다시 잘 수 있었어?"

"응. 다행히 괜찮아졌어."

"어떻게 했는데?"

"아빠가 알려준 방법을 써봤어. 무서운 생각에 이름을 붙이고 그 애랑 악수를 했어. 그리고 그 애한테 말했지. '네가 뭘 말하고 싶은지는 알겠어. 이미 한 번 듣기도 했고 말이야. 그런데 다른 일 없으면 난 계속 잘게.' 이게 정말 쓸모가 있더라고!"

이 책의 첫 번째 목표는 자기 자신과 전투를 벌이는 한 사람 한 사람에게 간단하고 실행하기 쉬우면서도 실증적이고 효과적인, 정신 건강을 회복할 수 있는 전문적인 방법을 소개하는 것이다. 어떤 스트 레스에 시달리고 있든 어떤 불쾌한 감정에 사로잡혀 있든 이 책이 도 움을 줄 수 있을 것이다.

내적 소모에서 빠져나오려면 인식을 새로이 하고 효과적인 기술 을 연습하는 것 외에도 세 번째 장애물을 넘어야만 한다. 바로 습관 기르기다.

3. 적응하는 습관 기르기

머리로는 알면서도 마음의 고통에서 벗어나기 어려운 이유가 무 엇일까? 여러 가지가 있겠지만 그중 하나는 대뇌의 변화와 관련 있 다. 습관적인 반응 패턴의 배후에는 특정 대뇌의 신경회로가 있다. 뇌신경과학자 라라 보이드Lara Boyd 박사의 연구에 따르면, 사고를 바꾸 는 최고의 방법은 행동을 바꾸는 것이다. 따라서 쓸모없는 내적 소모 에서 벗어나려면 완전히 새로운 행동 습관을 들여야 한다.

물론 안전을 추구하는 인간의 천성 탓에 행동을 바꾸기란 무척 어려운 일이다. 변화란 위험을 의미하고 위험은 유쾌하지 않은 느낌 을 준다. 인간은 이런 불쾌한 감정을 피하고자 변화를 거부한다. 그 렇지만 유익한 변화는 바로 이 유쾌하지 않은 과정에서 일어난다.

보이드 박사는 중풍 환자의 대뇌 연구에서 연습 난이도와 도전 수준을 높인 뒤에 환자의 대뇌 학습 능력과 기능이 상당히 발전한 것 을 발견했다. 새로운 습관을 들이는 과정에서 분명히 불편한 느낌을 받겠지만, 이를 체험하고 받아들이고 끌어안는 것이 성장에 반드시 필요하다.

이 책은 앞으로 수많은 심리학 연구를 토대로 주의력 전환, 사고 처리, 감정 관리, 신체 조절, 표현과 경청 등 여러 각도에서 내적 소모를 해결해줄 방법을 제시할 것이다. 내적 소모에서 갇힌 모든 이에게 도움이 되길, 새로운 삶의 희망을 가져다주길 바란다.

다만 모든 이가 자기 인생을 책임질 수 있어야 한다는 점을 이야기하고 싶다. 삶의 주인은 나고 나만이 내가 어떤 삶을 살지 결정할 수 있다. 새로운 사고와 행동 패턴이 습관으로 자리 잡으면 누구나 인생을 주도하는 새로운 능력을 획득하게 될 것이다.

1장

나를 힘들게
하는 것들

위기는 외부에 있는 게 아니라 사실 내부에 있다.
우리가 그 점을 마주하려 하지 않을 뿐이다.

지두 크리슈나무르티

살다 보면 시시각각 도전에 직면한다. 도전 자체는 고통의 원인이 아니다. 쓸모없는 감정 소모야말로 고통의 근원이다.

산에 올랐는데 산길이 험준해 두 다리가 납덩이처럼 무거워졌다고 상상해보자. 산속의 희귀한 꽃과 풀, 맑은 공기, 산을 오르는 즐거움에 집중하면 '납덩이가 된 두 다리'가 가져다준 행복을 즐길 수 있다. 만약 '너무 피곤해. 오지 말았어야 했는데' '몸이 엉망이네. 산 하나 끝까지 못 오르다니. 제대로 하는 게 없잖아' 하고 감정 소모를 하다보면 '납덩이가 된 두 다리'는 견디기 힘든 고통, 심지어는 학대가 된다.

내적 소모는 일상 다방면에 영향을 끼친다. 우선 도전에 응하고 문제 해결에 써야 할 심신의 자원을 소모시켜 행동력을 잃게 만든다. 또한 효과 없는 문제 해결 패턴으로 생활이 흔들리며 이것이 악순환으로 이어져 고통에서 벗어나지 못한다.

모든 것이 통제 불능이라면

산수이三水는 외동딸을 잃고 두 달 뒤 내게 연락을 해왔다.

"제 삶은 통제 불능이에요. 하루하루가 절망, 자책, 슬픔뿐이에요. 저처럼 자식을 잃은 엄마들이 위로해주곤 하지만 도무지 빠져나갈 길이 없네요. 아이 사진을 볼 엄두도 나지 않아요. 어떨 때는 제 자신이 슬픔에 갇혀 있기를 원하는 것만 같아요. 강해져야 한다는 말에는 거부감이 들고 그런 말은 듣고 싶지도 않아요. 다시는 제 삶을 살아갈 수 없을 것 같은 느낌이 들어요."

산수이는 딸을 잃은 비통함에 본능적으로 진실을 외면한 채 부정적 느낌과 생각에 침잠하는 방법을 선택했고 결국 심신의 자원을 소모해버렸다. 이런 방법은 슬픔을 해결하는 데 효과가 없을뿐더러 깊은 막막함과 취약감을 불러온다. 이런 상황에 부닥치면 인생이 뿌리부터 흔들리는 것 같다.

몇 년 전 중증 우울증을 진단받은 아칭阿靑은 결혼 3년 차로 남편의 사랑과 지지를 받고 있지만, 그럼에도 불구하고 심각한 문제를 겪고 있다. "많은 사람들이 저한테 일할 때 온몸에 가시가 돋친 것 같다고 해요. 너무 방어적이라고요. 늘 머릿속에서는 어렸을 때 아버지에게 맞았던 장면, 제가 어떻게 해볼 수 없었던 그때가 떠올라요. 요즘은 집에 있을 때도 점점 성질이 거칠어져요. 한 번은 남편이 두려워하면서 그러더라고요. 화낼 때 눈빛이 너무 무섭다고요. 이 말을 듣고 거의 절망했어요. 남편은 저를 사랑해주는 유일한 사람이에요. 어떻게 해야 제 삶을 바꿀 수 있을까요?"

열아홉 살 샤오커小可는 자살 충동에 시달려 나를 찾아왔다. "이상한 부모님 탓에 열 살 무렵부터 죽고 싶다는 생각을 했어요. 제가 지금까지 살아 있을 줄은 몰랐네요. 성격도 엉망이고 앞날도 뻔해요.

그냥 아르바이트하며 사는 길밖에는 없어요. 정말 몸서리가 쳐져요! 어떻게 인생을 대면해야 하죠? 정말 선택지가 없거든요. 그냥 저 자신을 데리고 떠나고 싶어요."

스무 살 바이원白薳은 흐느끼며 부모의 이혼 이야기를 꺼냈다. 바이원은 어머니와 의지해가며 빚에 허덕이는 힘겨운 삶을 살고 있었다. "왜 모든 게 제 맘 같지 않은지 모르겠어요. 6년 동안 가족은 신경도 쓰지 않은 아버지를 증오해요. 하지만 그래도 아버지잖아요. 왜 아버지를 보기만 하면 피하고 싶을까요? 왜 몇 마디 하다 보면 언성이 높아질까요? 지금 시험 준비 중인데 책은 눈에 안 들어오고 늘 정신이 다른 데에 가 있어요. 다른 사람들이랑은 아주 잘 지내요. 다들 저보고 착하대요. 그런데 왜 친구는 별로 없을까요?"

고통의 원인은 저마다 다르지만 내담자들은 모두 끝없는 내적 소모를 초래하는 해결 방안을 선택했다. 주의력, 사고, 감정 등 삶의 많은 부분을 통제하지 못한다는 느낌을 받았으며 초조함, 막막함, 무력감, 분노, 슬픔, 절망 등이 불러오는 고통에 시달렸다.

인류 발전의 역사는 개인과 집단이 공포를 해결하고 세상에 대한 통제권을 강화해온 역사다. 통제력은 인간이 발전할 수 있었던 힘의 원천이었다.

40여 년 전 심리학자 엘런 랭어Ellen J. Langer와 주디스 로딘Judith Rodin은 한 실험을 통해 통제력의 힘을 증명했다. 이들은 미국 코네티컷주 양로원 노인들에게 서로 다른 통제력을 부여했다. 4층 노인들은 방 안의 가구를 어떻게 배치할지, 식물을 기르고 싶은지, 영화를 보러 갈지 말지 결정할 수 있었고 양로원 직원들과 하고 싶은 이야기를 나

눌 수 있었다. 대조군인 2층 노인들에게도 잘 정돈된 방과 식물이 배정됐고 영화 관람 시간도 있었지만 이 모든 것은 양로원 측에서 정한 것이지 이들에게는 선택권이 없었다. 식물 역시 직원들이 책임지고 돌봤기에 직접 책임질 필요가 없었다.

3주간의 실험 결과 연구진은 두 그룹 사이의 현격한 차이를 발견했다. 4층 노인들은 질문지에 기분이 아주 좋고 활력이 넘친다고 대답했다. 타인과 더 많은 접촉을 시도했고 영화를 보러 가겠다고 선택한 경우도 훨씬 더 많았다. 실험 상황을 모르고 있었던 간호사들 역시 4층 노인들의 행복감과 활력은 93퍼센트 상승했으나 2층 노인들의 경우 21퍼센트만이 적극적인 변화를 보였다고 평가했다.

랭어와 로딘은 자기 결정권과 통제력이 삶의 질을 올리고 생활 태도를 적극적으로 변화시키는 데 중요하다고 봤다.

인본주의 심리학의 대가 에이브러햄 해럴드 매슬로Abraham Harold Maslow는 안전이 인간의 기본 욕구 중 하나라고 생각했다. 그런데 통제력이 바로 이 안전의 토대다. 모든 것이 잘 통제되고 있다고 느낄 때 우리는 자신감과 에너지로 가득 차는 느낌을 받고 모든 도전에 가뿐하게 응할 수 있게 된다. 하지만 모든 것이 통제 불능이라고 느끼면 슬픔, 절망에 쉽게 빠지고 타인 의미 없는 눈빛 하나도 제대로 마주할 수 없게 된다.

어쩔 수 없었다는 말의 반복

사람들은 곤경에 처하면 자신에게 별다른 선택지가 없다는 생각에 쉽게 빠진다. 이런 생각과 감정에는 초조, 우울 등의 문제가 쉽게 뒤따라온다. 정말 다른 선택지는 없을까?

외동딸을 잃은 산수이의 비통함을 언어로는 효과적으로 응원해줄 수 없다. 산수이는 처음 상담을 받으러 왔을 때 고개는 숙이고 몸은 허물어져 있었다. 이따금 손으로 무릎을 짚어 턱을 괬고 멍하게 있거나 머리를 감싼 채 통곡했다. 산수이가 울먹이며 털어놓는 말들을 조용히 듣고 있자니 산수이의 슬픔, 자책, 앞날에 대한 절망이 느껴졌다.

"선생님, 말 좀 해주세요. 어떻게 해야 할까요? 더는 행복해질 수 없을까요? 다시는 힘을 낼 수 없을까요?" 산수이가 고개를 들어 물었을 때 나는 산수이에게 기회가 왔다는 것을 알 수 있었다.

"계속 슬픔 속에 빠져 살게 될까 봐 두려운 거네요, 그렇죠?"

"네, 남편은 이미 털고 일어섰어요. 남편은 저도 빨리 일어서길 바라요. 하지만 저는 점점 더 나빠지고 있어요. 이번 주에는 아이 생각을 하다가 거의 숨이 막힐 뻔했어요. 바닥을 구르고 벽을 들이받고 싶을 정도였어요. 아이는 저와 17년을 같이 살았어요. 이제는 볼 수도 만질 수도 없다는 생각에 미칠 것만 같아요. 남편이 한 정신과 의사를 추천해줘서 몇 번 가보긴 했는데 별 도움이 안 되더라고요. 희망이 없고 뭘 어떻게 해야 할지도 모르겠어요. 이제는 아이 사진을 볼 엄두도 나지 않아요."

"간단한 의식을 한 번 연습해보겠어요?"

"어떤 의식이요? 제가 할 수 있을지 모르겠네요."

"하려는 의지만 있다면 당연히 할 수 있습니다. 지금 같이해보겠어요?"

"좋아요."

"자, 저랑 같이 일어나보죠. 네, 몸을 일으켜 세우세요. 슬픔에 빠져 있을 때는 몸을 펴기가 어렵지만 그래도 해볼 수는 있으니까요. 두 발을 벌리고 가슴을 펴세요. 머리를 들고 양팔을 쫙 펼치고요. 눈 앞의 사랑하는 사람을 안는 느낌으로 몸을 열어보세요. 고개를 살짝 들고 서서히 눈을 감은 다음 제 리듬에 맞춰서 천천히 코로 숨을 들이쉬고…… 입으로 숨을 내쉬세요."

2분 뒤 눈을 떴을 때 산수이의 눈에는 눈물이 어려 있었다. 슬픔의 눈물이 아니었다. "선생님, 지난 60일 동안 이렇게 자신감에 찬 적이 없었어요. 내내 껍데기에 갇혀 있었거든요. 앞으로 평생 이런 감정은 느끼기 어려울 거라고 생각했어요."

간단한 동작으로 몇 분 만에 산수이의 감정은 크게 달라졌다. 많은 심리학 연구가 행동이 감정을 변화시킨다고 증명한다. 얼굴 근육의 변화, 자세의 변화, 호흡 리듬과 호흡 부위의 변화가 순식간에 감정의 변화를 몰고 온다.

외동딸을 잃은 고통에서 빠져나와 새로운 삶을 찾기 위해 산수이가 가야 할 길은 아직 멀다. 하지만 이 간단한 체험이 씨앗 하나를 잘 묻어줬다. 효과 있는 방법을 택하기만 한다면 이렇게 조금씩 삶을 바꿔 나갈 수 있다. 어떤 종류의 타격을 받든 선택권은 언제나 우리

손안에 있다. 즉, 고통은 선택의 결과다. 고통에 빠져 있는 많은 이들에게 이 말은 무례하게 들릴 수 있다. 슬픔과 고독, 분노와 무력감, 절망을 어떻게 해볼 수가 없는데 무슨 근거로 고통도 선택이라는 건지 의아할 것이다.

이 의혹에 대답하기 전에 우선 정서와 감정에 관한 연구를 살펴보기로 하자. 미국 노스이스턴대학교 심리학과 교수 리사 펠드먼 배럿Lisa Feldman Barrett은 30년 가까이 감정을 연구해왔다. 수백 개의 대뇌를 단층 촬영했고 수천 명의 피실험자를 대상으로 수백 건의 생리연구를 진행했다. 그렇게 감정과 관련된 거의 모든 대뇌 영상 연구를 검토한 뒤 배럿은 자신의 저서 《감정은 어떻게 만들어지는가?How Emotions Are Made?》에서 감정은 결코 선천적이지 않으며 감정의 변화는 온전히 후천적 경험과 자기 선택의 결과라는 새로운 결론을 제시했다.

배럿이 내린 결론은 심리학자 스티븐 헤이스Steven C. Hayes의 연구 성과와 약속이나 한 듯 일치한다. 고통이 지식 구축 패턴에서 비롯된다는 것이다.

가령 중요한 시합에 출전을 앞두고 있으면 심박이 빨라지고 근육이 긴장하며 손에서 땀이 난다. 배도 아플 것이다. 예전에 불안발작을 겪어본 적이 있다면 이런 생각도 들 것이다. '망했다. 너무 긴장돼. 또 초조해졌어. 이러면 시합을 망칠 텐데.' 그러면 정말 초조해지기 시작하고 이와 맞아떨어지는 다양한 반응들이 나타난다. 자기 투쟁이 시작되는 것이다.

그러나 같은 몸의 반응도 다르게 해석할 수 있다. 흥분과 긴장으로 인해 손에서 땀이 나는 것은 무기를 세게 쥐거나 나뭇가지를 꽉

잡게 해주는 원시적 적응으로 볼 수 있다. 이런 기능은 전투를 더 잘하거나 발생할 수 있는 위험으로부터 신속하게 도망칠 수 있게 해준다. 그렇게 바뀐 시각으로 몸을 관찰해볼 수 있다. '곧 출전하면 기분이 고조될 거야. 지금 에너지도 넘치고 모든 도전에 대응할 자신감도 있어.'

일어난 모든 일에 대한 해석은 개인이 선택하고 통제할 수 있다. 그 선택에 따라 감정은 바뀔 수 있다. 그러므로 감정은 선천적인 게 아니다. 감정은 선택이다. 배럿의 연구에 따르면 긴장할 때 초조해하기보다 이를 뛰어넘으려고 도전하는 습관이 있는 학생은 시험에서 우수한 성적을 낸다.

그렇지만 '내 삶을 선택하고 통제할 수 있다'는 신념을 받아들이기란 결코 쉽지 않다. 염원, 선택, 통제는 희망뿐 아니라 책임도 의미하기 때문이다. 많은 이에게 희망과 책임은 위험한 것이다. 특히 책임은 새로운 상처를 의미할 수 있다. '내가 겪는 심리적 문제의 근원을 내가 통제할 수 있다면 이 모든 것을 책임져야 하는 사람도 바로 나란 말인가?' 이런 절망적인 결론에 도달할 수도 있기 때문이다. 이때 책임은 더 큰 상처가 된다.

내 성격이 문제일까?

많은 내담자가 성격이 인생 최대의 짐인 듯 성격을 어떻게 바꿀 수 있는지 묻는다.

"어떻게 해야 성격이 좋아질까요?"

"예민하고 화를 잘 내는 성격은 어떻게 바꾸나요?"

"고민 많고 우물쭈물한 성격은 어떻게 바꾸나요?"

"남자친구와 성격이 안 맞는데 어떡하죠?"

"제가 많이 물러 터졌어요. 더 강해져야 하는데……."

자신에게 불만이 있어 자신의 진짜 모습을 받아들일 수 없을 때 비판, 질책 등 스스로를 벌주는 행위는 심신의 고귀한 자원을 끊임없이 소모시켜 행동할 힘과 변화할 힘을 모두 잃게 만든다.

부모의 양육 방식에 상처를 받아 지속적으로 자살 충동에 시달리는 샤오커가 그렇다. 샤오커는 상담 중에 이런 말을 입버릇처럼 했다. "정말 몸서리가 쳐져요. 성격을 바꿀 수 없어요. 인생에 희망이 보이지 않는다고요." 최근 들어 '원가족family of origin 결정론'이 유행하면서 점점 더 많은 사람들이 샤오커처럼 자신의 심리적 문제를 가정 환경 탓으로 돌리고 있다.

성격이 정말 일생을 좌우할까? 사람은 아기 때부터 어떻게 해야 세상을 더 잘 인지할지 학습하기 시작한다. 동물의 학습과 확연히 다른 점이 있다면 개념과 연상이라는 독특한 능력이 있다는 것이다. 인간은 아주 빠른 속도로 개념을 이용해 사물에 꼬리표를 붙이는데 특히 타인을 설명하고 자아를 정의할 때 이런 능력이 두드러진다. "그 사람은 외향적이고 타인에게 우호적이며 사교 능력이 뛰어나." "저는 내성적이고 이기적이며 대인기피증, 군중공포증, 우울증이 있습니다."

인간만이 꼬리표로 세상을 인식한다. 그래서 심리학 분야에서 다수의 성격 분석 테스트가 등장했다. 하지만 이런 꼬리표로는 개인의 행동과 성취를 정확하게 예측할 수 없다. 청소년을 대상으로 한 어느 연구는 아이가 명확한 가치 목표를 갖고 있을 때 더 적극적인 자아 인식과 기대감이 생기고 불량 행위는 줄어들며 성인으로 가는 과도기가 더 평온해진다는 사실을 발견했다. 또한 아이의 발전이 성격 유형 검사상의 특징과는 아무런 관계가 없다는 사실도 밝혀냈다. 실제로 개인의 기대감와 행동이 성격보다 삶에 더 큰 영향을 끼친다는 사실이 다수의 실증적 연구를 통해 밝혀졌다.

스트레스와 관계 맺기

스트레스를 받고 싶어 하는 사람은 아마 없을 것이다. 대부분은 스트레스가 주는 불쾌감을 싫어한다. 하지만 스트레스는 삶을 전진시키는 동력이고 불쾌감은 성장 과정에서 반드시 나타나는 부산물이다. 그래서 내적 소모를 멈추려면 스트레스와 다시 관계 맺어야 한다.

스트레스와 관계 맺는 여러 가지 기술이 있는데 안타깝게도 심리학 연구가 진보하고 발전하면서 한때 효과적이라고 여겨졌던 많은 기술의 무익한 일면이 서서히 드러나고 있다.

즉각적으로 하소연하는 게 좋을까?

많은 나라의 정부와 단체에서 재난 발생 이후 심리 지원 과정 중 스트레스를 발산하는 치료가 효과적이라고 확신한다. 하지만 몇몇 심리학 연구에 따르면 이 방법은 효과가 좋지 않다. 효과가 전혀 없거나 심지어 외상 후 스트레스 장애Post-Traumatic Stress Disorder, PTSD가 더 악화되기도 한다. 큰 사고를 겪은 뒤 스트레스 발산 치료를 받았다고 해서 그렇지 않은 사람보다 더 잘 건강을 회복한 것이 아니다.

나 역시 이 같은 방법을 시도해본 내담자들을 많이 만나게 되는데 산수이가 그런 사례였다. 산수이는 사고 직후 심리상담사를 찾아갔지만 상담 과정에서 아이에 대한 모든 기억이 하나하나 되살아났고 아이를 잃은 상처가 환기됐다. 이는 이미 딱지가 난 상처를 헤집는 것과 같다. 상처가 자연스럽게 아무는 걸 막을 뿐이다.

분노를 발산하면 잘 처리될까?

몇십 년 전에는 정신건강 전문가들이 분노나 울분을 제때 풀어야 화가 줄어들고 안정을 되찾는다고 보는 게 보편적이었다. 화가 난 자녀를 달랠 때도 흔히 이런 방법을 쓴다. 할아버지와 할머니가 우는 아이를 달래면서 옆에 있는 아빠를 야단친다. "우리 아기 울지 마. 아빠가 나빴네. 엄마 오면 아빠 좀 혼내달라고 하자꾸나."

2017년 CCTV의 다큐멘터리 〈거울鏡子〉에서 청소년들의 분노를 처리하는 방식 중 하나로 나온 게 바로 분노 발산이었다. 내담자에게 천으로 만든 인형을 주면서 분노를 발산해보라고 하는 상담사들도 있다. "이 인형이 본인을 화나게 한 사람이라고 상상해보세요. 이제 그 사람에게 마음대로 해도 됩니다. 어떻게 울분을 풀고 싶나요?" 상담사의 인도에 따라 내담자는 인정사정없이 인형을 때리고 욕을 퍼부으며 집어 던지고 발로 밟는다.

이런 방법으로 정말 효과를 기대할 수 있을까? 한 연구팀은 분노에 찬 피실험자를 세 그룹으로 나눴다. 첫 번째 그룹에게는 자신을 화나게 한 사람이 생각날 때마다 소파를 치라고 했고, 두 번째 그룹에게는 자극적이지 않은 생각이 떠오를 때 소파를 치라고 했다. 세 번째 그룹에게는 어떤 공격적인 행동도 하지 말라고 했다. 실험 뒤, 각 그룹이 느끼는 분노가 어떻게 달라졌는지를 측정했다.

첫 번째 그룹은 분노가 줄기는커녕 더 늘어났고 더 공격적으로 행동했다. 세 번째 그룹이 가장 공격성이 떨어졌고 분노의 정도도 가장 낮았다. 이 밖의 많은 실험이 우리 상식과는 정반대로 분노 발산이 분노를 관리하는 데 도움이 되지 않으며 오히려 원래의 분노를 더 강화할 뿐이라고 결론짓는다.

일기 쓰는 게 꼭 좋을까?

많은 상담사가 내담자에게 일기를 써서 일상의 고통을 해결해보라고 권하고 실제 이 방법으로 분노를 발산하는 사람이 많다. 하지만 사람이나 상황에 따라 일기 쓰기는 오히려 정반대의 효과를 불러올 수 있다.

대학교 1학년생 광핑光ㅋ은 엄마와 사이가 좋지 않아 고민이다. "참을 수 없어요. 죽고 싶은 마음이 억제가 안 돼요. 엄마는 제 얼굴만 보면 옛이야기를 꺼내고 저는 떠올리기도 싫은 일들을 울며불며 떠들고 또 떠들면서 잘못을 인정하라고 몰아붙여요. 제가 하는 말, 제가 하는 행동 하나하나가 다 잘못됐대요. 일기 쓰는 것도 날이 갈수록 효과가 떨어져요. 원래는 글로써 모든 생각의 실마리를 말끔하게 정리하고 잘 이해해보고 싶었는데 결과적으로는 그게 너무 어려

운 일이라는 것을 알게 됐어요. 쓰면 쓸수록 힘들고 전혀 해결이 안
돼요."

비슷한 경험을 하는 사람이 상당히 많다. 일기 쓰기가 효과적인
사람도 있지만 고통을 반복해서 돌이키는 게 상처를 들추고 고통을
강화하는 경우도 아주 많다.

고통을 피하는 것이 좋을까?

일본 영화 〈츠레가 우울증에 걸려서ツレがうつになりまして〉는 우울증
환자의 회복 과정을 묘사한다. 우울증에 걸린 남편을 보살피는 아내
의 대사 "고통스럽다면 노력하지 마!"는 우울증으로 고통받는 많은
사람들에게 거의 진리이자 명언이 됐다. '노력하지 않는 것도 살아가
는 방식 중 하나'라는 말이 따스함과 위로를 건네준 것이다.

"학교만 가면 머리가 아파서 힘들어요. 휴학하고 싶어요!"

"일이 너무 힘들어서 짜증이 치솟아요. 일을 할 동력이 전혀 없
어요. 너무 퇴사하고 싶어요!"

많은 사람이 감정을 처리하는 방식으로 회피를 떠받든다.

이런 방법이 정말 해독제가 돼줄까? 노력하지 않으면, 자극의 근
원에서 멀어지면 정말로 자연스럽게 건강이 좋아질까?

영화 〈츠레가 우울증에 걸려서〉는 이 모든 것을 미화한다. 나는
온라인에서 이런 조사를 해본 적이 있다. '우울증으로 학교를 휴학한
뒤 어땠습니까?' 경험을 공유해준 수십 명 중 원하는 건강한 삶을 되
찾았다고 대답한 사람은 한 명도 없었다. 반대로 기회가 다시 온다면
다른 선택을 하고 싶다는 이들은 아주 많았다.

대부분의 경우, 고통은 노력과 아무 관련이 없다. 고통은 개인이 심리적 탄력성을 잃고 자신과 타인, 세상으로부터 가혹한 평가를 받는 데서 훨씬 더 많이 유발된다. 특히 우리는 자기 평가에서 벗어날 길이 없다. 연구에 따르면 자기 평가의 99퍼센트가 타인이 아닌 자신의 내면에서 비롯된다. 노력을 하지 않을 게 아니라 효과적으로 문제를 처리할 기술을 손에 쥘 때 더 쉽게 마음의 고통에서 벗어날 수 있다.

운동, 의지, 약이 도움이 될까?

마음의 고통에 시달리면 주변에서 많은 사람들이 이렇게 권한다. 운동 많이 하고 꿋꿋하게 마음먹고 약 열심히 먹으라고. 많은 사람이 일상에서 느끼는 절망감이 바로 이렇게 생겨난다. 사람들이 하라는 대로 다 했는데 어째서 여전히 이 모양인지 더 절망하는 것이다. 한 우울증 환자가 직접 쓴 우울과의 전투 과정을 살펴보자.

2015년 7월

십여 년 동안 우울증이 세 번 재발했다. 정말이지 매번 죽다 살아났다. 처방받은 약은 전혀 도움이 되지 않았다. 심리상담을 받으러 갔다. 효과가 좋을 거라고 생각했는데 괜찮다고 생각되는 상담사가 별로 없었다. 큰 도시에 살아서 의료 조건은 괜찮은 편이고 진료 회수도 세 자릿수 가까이 되는데 심리상담을 받고 마음 편해진 적은 정말 단 한 번도 없었다. 마지막으로 재발했을 때 의사가 이랬다. "전기 치료를 받으시죠!" 난 동의하지 않았다. 그렇게 포기했다. 그 뒤로 운동을 시작했다. 억지로 운동했다. 수영과 달리기를 번갈아가면서. 그 과정이 정말 고통스러웠다. 우울증에는 강력한 무기력과 피로감이 동반되니까. 그 뒤로 4년, 아직 재발한 적은 없다. 솔직히 말해서 전보다는 기분이 좋다. 어떤 때는 살아 있어서 좋다는 생각이 들기도 한다. 하지만 이 병의 심각성은 내가 잘 안다. 관리를 그만두면 언제 다시 날 삼켜버릴지 모른다.

2015년 8월

우울증이 다시 시작된 것 같다. 불면증, 두통, 긴장감, 초조, 집중력 상실, 모든 증상이 잇달아 나타나고 있다. 심지어 운동할 때도 힘이 없다. 이 모든 게 어떻게 일어났는지 잘 이해하고 있다. 근원이 무엇인지 안다. 우울증의 원인이 무엇인지 알고 있다. 하지만 아무것도 바꿀 수 없다. 정말 절망적이다.

2016년 9월

아직 살아가고 있다. 매우 괴롭지만 그래도 살아가야 한다. 즐거워지도록 노력해야 한다.

2017년 6월

아직 살아가고 있다. 기억력은 더 감퇴해서 일상과 일에 영향을 주는 지경에 이르렀다. 대부분의 시간을 억지로 버티면서 죽기 살기로 견디고 있다. 이렇게 참고 견디는 게 무슨 의미가 있는지 모르겠지만 그래도 오기가 생긴다. 운명과 도박을 걸고 있는 심정이랄까. 여기서 걸어 나가고 싶다. 친구도 사귀고 싶고 내 집도 갖고 싶다.

2018년 3월

올해가 정말 고통스럽다. 머리가 몽롱하다. 일에 집중하지 못해 회사에서 잘렸다. 하늘은 문 하나를 닫았다고 다른 문을 열어주지 않는다. 진흙탕 같은 생활에서 나를 한 발 한 발 밟아버릴 뿐이다. 내가 얼마나 빨리 늙었는지 모른다. 동갑내기보다 훨씬 더 빨리 늙어버렸다. 너무 지친다. 말도 못 하고 웃을 줄도 모르는 기계가 되어버렸다. 마음속 불꽃은 아주 미미하다. 아직 꺼지지 않았다는 건 다행이지만.

우울증을 겪는 사람들에게 아주 익숙한 경험 아닌가? 특히 상담을 통해 적극적인 치료를 받았는데도 여전히 우울증을 앓고 있는 사람이라면 더 공감할 것이다. 기록에 포함된 몇 년을 돌이켜보면, 이 환자는 고통 속에서 발버둥 치며 자신이 방안을 찾았다고 생각했지만 진정으로 건강을 회복하는 길로는 나가지 못했다.

노력해도 아무 소득 없는 이 비극에서 벗어나려면 운동도 해야 하고 의지도 있어야 하지만, 더 중요한 건 자신에게 효과적인 방법을 찾는 것이다.

아주 작은 행동의 변화일지라도 효과가 있다면 스스로 상황을 통제하고 있다는 느낌을 다시 받을 수 있다. 물론 그러려면 마음에서 우러나오는 의욕과 원동력이 있어야 하고, 효과 있는 기술들을 연습하고 습득해야 하며 이를 서서히 무의식적인 습관으로 바꿔나가야 한다.

연습해보자

1. 다음 표현 중 내적 소모를 유발하는 표현은 무엇입니까?

① 난 완벽주의자야. 좋은 결과가 나오지 않는다면 차라리 하지 않겠어.

② 가정생활에서는 화목이 최우선이야. 그래서 참아야 할 건 꼭 참아. 입 밖으로 냈다가 싸우긴 싫으니까.

③ 난 정말 쓸모없어. 뭐 하나 잘하는 게 없다고. 쓰레기나 마찬가지야.

④ 좋아, 대체 무슨 일이 일어나고 있는지 자세히 살펴보자.

2. 당신에게 행복의 근원은 무엇입니까?

① 성취 : 창업에 성공하면·교수가 되면.

② 개인 특징 : 예뻐지면·날씬해지면·운동해서 초콜릿 복근이 생기면·외향적으로 변하면·사교적으로 변하면.

③ 환경 : 재벌 2세라면·고위공직자 2세라면·세계 초일류 기업에서 일한다면.

④ 내적 수확 : 평온을 느끼면·성장하면·인기를 얻으면.

3. 심리적 충격에 맞닥뜨릴 때 습관적으로 어떤 방법으로 문제를 처리합니까?

① 도피 : 무시, 부인, 회피, 도망 등으로 문제가 존재하지 않는다고

가장한다.

② 전투 : 이성과 의지를 무기로 완강하게 싸워서 감정과 행동의 통제권을 되찾아온다.

③ 발산 : 가족이든 타인이든 피해자를 하나 물색해서 분노, 공격 등으로 내 상처를 드러낸다.

④ 환영 : 가슴을 열고 충격을 받아들여 충격과 좋은 친구가 된다. 충격이 내포한 가치를 찾아낸 다음 이를 안고 계속해서 해볼 만한 가치가 있는 일들을 해나간다.

4. 습관적으로 문제를 해결하는 방식은 실제 어떤 효과가 있습니까?

① 단기적 고통 장기적 효과 : 문제가 생길 때마다 순간의 고통을 참고 넘길 수 있다. 문제를 잘 처리할 수 있다. 늘 내 가치를 실현하는 길을 걷는다.

② 단기적 효과 장기적 무익 : 어려운 일이 생기면 재빨리 피해버린다. 문제는 여전하지만 순간의 고통은 피할 수 있다.

③ 단기적 고통 장기적 무익 : 상관하지 않는다. 화가 나면 폭발시켜야 한다. 내 앞에 누가 있든 일단 내 속이 통쾌하게 풀려야 한다.

5. 다음 중 어떤 관점에 문제가 있다고 생각합니까? 그 이유는 무엇인가요?

① 스트레스는 유해하다. 내 삶을 더 잘 통제할 수 있어야 하고 스트레스는 적극적으로 낮추거나 없애버려야 한다.

② 나는 너무 내성적이어서 괜찮은 인간관계를 맺을 수 없다.

③ 나는 나약하고 하찮은 개인일 뿐 내 삶을 통제할 수 없다.

④ 나는 이성적이다. 자제력만 강하다면 이성적으로 일을 처리할 수 있다.

2장

내 머릿속부터
들여다보라

공포는 보통 무지에서 비롯된다.

랄프 왈도 에머슨

"이렇게 자포자기하면 안 된다는 거 알지만 제 자신을 통제할 수 없어요."

"외출도 하고 친구도 만나야 한다는 거 알아요. 하지만 그게 잘 안 된다고요!"

"맨날 집에서 게임이나 하고 있으면 안 된다는 거 알아요. 하지만 벗어날 수가 없단 말이에요!"

고통에 빠진 사람이라면 절망적으로 이렇게 외쳐본 적이 있을 것이다. '뭘 해야 하는지 알지만 할 수가 없다.' 이 갈등의 배후에는 끝도 없는 자기 투쟁이 있다. 내적 소모에 심신의 자원을 모두 써버리니 자그마한 도전을 대할 힘도, 의미 있는 변화를 끌어낼 힘도 없는 것이다.

아이를 잃은 산수이에게는 자신을 사랑하고 지지해주는 남편과 걱정하는 부모님이 계신다. 산수이 스스로도 얼른 정신 차리고 일어나서 전처럼 생활할 수 있기를 누구보다 바란다. 하지만 현실에서는 매일같이 '다 내 잘못이야. 그때 내가 아이와 함께 있었어야 했어. 이제 행복할 자격도 없어' 같은 생각을 가장 많이 한다.

바이원이 처한 곤경은 산수이보다 더 전형적이다. 도움을 제일 필요로 했던 시기에 아버지는 가족을 신경 쓰지 않았다. 바이원은 가정 형편이 어려워서 어쩔 수 없이 명문 중학교 우등반을 자퇴하고 나와 꿈은 포기한 채 아르바이트를 하며 가족의 생계를 책임져야 했다. 하지만 여전히 아버지의 사랑을 갈망해 증오와 갈망 사이에서 발버둥 치고 있었다. "아버지는 제 가족이잖아요. 가까이 다가가고 싶지만 어떻게 해야 할지 모르겠어요. 설에 할머니를 뵈러 갔다가 할머니와 공원에서 산책을 했어요. 아마 할머니가 아버지한테 연락을 하셨던가 봐요. 아버지가 눈앞에 나타난 순간 저는 조금도 망설임 없이 달아나버렸어요. 왜 그랬는지 저도 모르겠어요. 나중에 할머니가 저를 부르시더라고요. 그런데 아버지와 몇 마디 하지도 못하고 크게 싸우고 말았어요. 전 어째서 가족과 관계를 제대로 맺지 못하는 걸까요?"

어째서 우리는 원하는 대로 하지 못하고 원하지 않는 일에서 벗어나지 못할까? 어째서 이성이 행동을 좌우하지 못할까? 이 점을 이해하려면 일단 인간의 대뇌 구조와 행동 패턴을 알아봐야 한다.

세 개의 뇌

진화론의 시각에서 보면 인간에게는 세 개의 뇌가 있다. 파충류의 뇌reptilian brain, 포유류의 뇌mammalian brain, 그리고 대뇌 신피질neocortex이 그것이다. 포유류의 뇌는 감정의 뇌라고도 불리고 대뇌 신피질은 이성의 뇌라고도 불린다.

파충류의 뇌는 호흡, 심박, 내분비, 소화, 면역 등 생명 활동의 기본 기능을 주재한다. 일상생활에서는 그 존재를 감지하기가 몹시 어렵다. 일단 우리 의식은 감정의 뇌와 이성의 뇌가 공동으로 지배하니 이 두 개의 뇌에 대해 알아보자.

역할 분담이라는 면에서 감정의 뇌는 감정 시스템을 주재해 공포, 분노, 경악, 기쁨 등 각종 감정 체험을 담당한다. 반면 이성의 뇌는 인지 기능을 통제하는데 언어 이해, 주의력, 판단, 학습, 기억, 추리, 계획, 통제, 인간관계 등이 여기 포함된다.

의식 측면에서 이성의 뇌와 감정의 뇌는 동시에 작용한다. 이성의 뇌는 감정의 뇌를 통제할 수 있다. 즉, 이성의 뇌는 매우 중요한 브레이크 역할을 한다. 스탠퍼드대학교에서 진행한 대뇌 영상 연구에서 이런 사실이 발견되기도 했다. 학생들에게 구역질 나는 사진을 보여주자 감정의 뇌가 즉각 반응했는데, 학생들에게 감정을 통제하라고 요구하자 대뇌피질이 가장 활발하게 활동하기 시작했고 역겨워하는 반응도 줄어들었다.

이렇듯 이성의 뇌는 인지와 행동을 조절해 감정을 변화시키거나 행동의 실행을 방해할 수 있다. 행동을 억제하고 유혹에 저항하고 만족을 지연시키고 충동을 통제하는 등의 방식이다. 만일 이성의 뇌가 제대로 행동을 억제하지 못하면 충동, 강박, 주의력 결핍 등의 증상을 보이게 된다. 여기서 중요한 점은 이성의 뇌를 동원하려면 집중력과 의지가 조화를 이뤄야 한다는 것이다.

마찬가지로 감정의 뇌도 이성의 뇌에 영향을 끼친다. 일상생활에서 '행동 통제 불능' 현상은 감정의 뇌가 이성의 뇌의 기능을 억제하는 현상이다. 예일대학교 의과대학의 에이미 안스튼Amy Arnsten과 퍼

트리샤 골드먼래킥Patricia Goldman-Rakic 박사는 동물 실험을 통해 감정의
뇌가 전전두엽 피질을 닫아버리면 이성의 뇌의 반응 능력과 행동 통
제 능력이 상실될 수 있다고 밝혔다.

　이런 연구 결과는 인간에까지 확대된다. 스트레스를 받으면 감
정을 통제하는 편도체가 도파민과 노르에피네프린을 대량으로 생성
해 고급 인지 기능을 주관하는 전전두엽 피질의 기능을 떨어뜨린다
는 사실이 연구를 통해 밝혀졌다.

　감정이 과하게 격해지면 장기적으로 이득이 되는 이성적 행동을
끌어내기 힘들다. 일상에서 나타나는 분노, 공격, 중독 등 비적응성
행동, 그리고 아버지와 가까워지고 싶으면서도 정작 아버지를 보자
바로 달아나버린 바이원의 행동이 전형적이다.

대뇌의 두 가지 작업 패턴

　대뇌에는 자동 조종과 이성 통제라는 두 가지 작업 패턴이 있다.

　자동 조종이란 여러 상황 앞에서 습관적으로 보이는 반응으로
걷기, 운전, 길 찾기, 운동 등이 해당한다. 대뇌에 특정 뉴런의 연결
회로가 있어 생각할 필요 없이 자동으로 반응한다. 반면 이성 통제는
의식적 사고, 분석, 판단, 결정, 집행 등의 과정을 거쳐 행동한다.

　대뇌는 일상생활 중 90퍼센트의 시간에 자동 조종 패턴을 쓰며
이성 통제 방식을 택하는 시간은 10퍼센트도 되지 않는다. 대뇌는 에
너지를 많이 소비하는 조직이기 때문에 이는 진화를 통해 만들어진

절약형 작업 방식으로 인류의 탁월한 적응 본능 중 하나다. 따라서 우리는 이성 통제가 아닌 자동 조종에 더 많이 의존해 생활한다.

한 연구에 따르면 자동 조종 능력이 한 영역의 전문가가 될 수 있는지를 결정한다고 한다. 2014년 일본 국립정보통신연구기구의 연구원이자 신경학자인 나이토 에이이치內藤英一는 스위스 저널 《인간신경과학 프론티어스Frontiers in Human Neuroscience》에 발표한 보고서에서 자기공명영상magnetic resonance imaging, MRI으로 본 결과, 돌파와 추월이 특기이며 발재간이 뛰어난 브라질 축구 천재 네이마르가 드리블을 하고 다른 선수를 추월할 때, 대뇌의 활동 빈도가 다른 아마추어 선수들보다 10퍼센트 낮았다고 했다. 나이토 에이이치는 이를 대뇌 자동 조종의 결과로 보고 이렇게 적었다. "대뇌 활동이 적다는 것은 뇌가 운동 부하에 훨씬 덜 걸린다는 것을 의미한다. 그래서 한 번에 다양하고 복잡한 동작을 할 수 있는 것이다. 나는 이것이 네이마르 선수가 복잡한 페인트 동작을 소화할 수 있는 이유라고 생각한다."

대뇌의 자동 조종 능력은 천재인지 아닌지를 구분하는 지표가 될 수 있다. 영국의 한 연구는 또 다른 각도에서 그 가치를 검증했다.

런던의 택시 운전사가 되기란 아주 어렵다. 평균 2년을 들여 도심 내 2만 5천개 도로를 기억해야만 자격증을 딸 수 있다. 런던대학교 뇌신경학자 존 오키프John O'Keefe는 런던 택시 운전사의 대뇌가 일반인과 다른 것을 발견했다. 뇌 후두부의 공간을 기억하는 구역이 대조군에 비해 더 크고 뉴런이 더 잘 연결되어 있었다.

네이마르의 대뇌 활동 연구도, 런던 택시 운전사의 뇌 영상 연구도 모두 한 가지를 집중해서 보여준다. 바로 훈련에 의지하는 이성 통제 패턴이 대뇌 구조를 바꾸고 자동 조종 능력을 강화한다는 것이다. 이성 통제가 자동 조종으로 전환될 수 있는지가 한 사람이 전문 분야에서 발휘하는 능력과 그 수준을 직접 결정짓는다.

어째서 우리가 뭘 해야 하는지는 알지만 할 수 없을 때가 많은지 그 원인이 바로 여기에 있다. 대뇌는 자동 조종에 더 의지하고 이성의 뇌가 작동하려면 대량의 에너지가 필요하기 때문에 이성의 뇌 혼자서 모든 걸 주관할 수 없는 것이다.

감정의 뇌의 결정적 작용

이성의 뇌는 감정의 뇌를 대체할 수 없다. 진화와 에너지 분배가 낳은 결과이기도 하지만 감정의 뇌에서 벗어나면 우리 삶이 순식간에 혼란에 빠지기 때문이기도 하다. 앞에서 설명한 대뇌의 자동 조종 아래에서는 감정의 뇌가 주로 작동한다. 우리는 이성이 아닌 감정에 따라 신속하게 판단하고 선택하며 결정을 내린다. 감정이 없으면 끝없는 자기 의심에 빠지게 된다.

신경학자인 폴 에스링거Paul Eslinger와 안토니오 다마지오Antonio Damasio 박사가 소개한 뒤 유명해진 한 심리학 사례가 있다. 주인공은 IQ 130의 회계사로 업계에서 성공했고 아내와 아이들을 키우며 행복한 결혼생활을 이어가고 있었다. 그러다 뇌수술을 받았는데 그로 인해 감정의 뇌와 이성의 뇌의 연결고리가 손상되고 말았다. 그는 퇴원한 뒤에도 높은 지능 수준을 유지했지만 결정 능력을 잃어버렸다. 감정의 도움을 받지 못하는 상황에서 아주 작은 결정도 내리지 못했고 그 결과 일자리와 가정 모두를 잃었다.

감정의 뇌는 손상됐지만 이성의 뇌는 정상으로 작동하는 다른 몇 가지 사례에서도 연구자들은 같은 현상을 발견했다. 감정의 도움을 받지 못하면 이성이 아주 작은 선택도 하지 못한다는 것을 말이다. 우리는 본질적으로 이성적 존재가 아니라 감정적 존재다. 이것이 바로 감정의 뇌가 반드시 존중받아야 할, 이성의 뇌에 의해 억압돼서는 안 되는 이유다.

또한 자유롭게 감정을 느끼고 품어보는 일은 자아와 가까워지고 자존감을 높이면서 내적 평온을 얻는 데 꼭 필요하다. 상담에 오는 내담자들만 보더라도 감정의 뇌가 이성의 뇌에 억압되면 순식간에 거절당한 느낌과 자아상실감을 느끼며 삶이 무의미하다고 생각한다. 캘리포니아대학교 버클리캠퍼스에서 진행한 연구에 따르면 이성의 뇌가 부정적인 감정 자체를 억압할 경우 심장과 동맥에 엄청난 부담을 준다고 한다. 신체적 건강에까지 위협을 주는 것이다.

상담에서 만난 내담자 상당수가 억압적인 방법으로 문제를 처리해본 경험이 있었다. 이성적으로 감정을 통제해서 문제를 해결하고 싶었던 것이다. 가령 이런 식으로 말이다. '이렇게 슬퍼하고 있어서는 안 돼. 정신 차려야 해.' '내 감정은 별로 중요하지 않아. 핵심은 그 사람의 감정이야.' '지금 긴장하면 안 돼. 잘 참아보자.' 이성의 뇌와 감정의 뇌가 충돌하는 이런 소모적 해결 방안은 내담자들을 점점 더 깊은 곤경에 빠지게 할 뿐이었다.

2장. 내 머릿속부터 들여다보라

감정의 뇌를 방임하면 어떻게 될까

감정의 뇌를 통제하는 건 괜찮지만 오랫동안 억압해서는 안 된다. 그러나 감정에 완전히 이끌리게 되면 어떤 일이 일어날까?

나를 찾아온 샤오인小尹에게는 같은 대학 동창인 남편과 네 살난 딸아이가 있었다. 샤오인과 남편은 고속철도 건설 공사장에서 함께 일했다. 일도 인생도 무척이나 순조롭고 행복했다. 출산 후 아이를 돌보기 위해 샤오인은 도시로 돌아갔고 남편은 공사 현장에 남게 되면서 1년에 얼굴을 몇 번 볼 수 없게 됐다. 샤오인은 남편이 돌아와주기를 바랐지만 현실의 압박 탓에 어쩔 도리가 없었다.

2년 넘게 따로 살면서 집안의 모든 일을 혼자 헤쳐 나가다 보니 샤오인은 부담이 이만저만이 아니었다. 그러다 한 젊고 능력 있는 유부남 동료 A가 샤오인의 삶 속으로 들어왔고, 샤오인은 다시 보호받는 행복을 느꼈다. 하지만 좋은 날은 오래가지 않았다. A의 아내가 두 사람의 관계를 알게 되면서 직장으로까지 불똥이 튀었다. 이 일로 인해 A는 샤오인을 멀리했고 샤오인을 사랑하지 않는다고 공개적으로 선포하기에 이르렀다. 샤오인은 이 모든 걸 받아들일 수 없었다. "선생님, 그 사람이 저를 사랑하는 걸까요?" 이 질문이 샤오인이 급히 해결하고 싶어 하는 핵심 문제가 되고 말았다. 샤오인은 자신이 생각해낼 수 있는 모든 방법을 동원해 답을 찾아내보려고 했다. 하지만 더 큰 고통에 빠진 것 말고는 얻은 게 아무것도 없었다.

많은 사람이 샤오인처럼 이성이 감정에 굴복당해 맹목적으로 굴어본 적이 있을 것이다. 그 행동이 상처만 불러오는 데도 말이다.

어째서일까? 어째서 격렬한 감정에 빠지면 상황을 멀리 보기 힘들까? 스트레스 때문에 감정이 행동을 주재하면 즉각적인 자극을 선택하기가 아주 쉽다. 사교 활동을 어려워하는 사람이 두려움을 피하고자 사람들을 멀리하는 경우는 흔하다. 공부 때문에 고민에 빠진 아이가 공부를 하지 않거나 아예 자퇴하는 경우도 있다. 사이가 틀어진 부부가 겉으로만 잘 지내기 위해 의사소통을 덜하는 쪽을 택하기도 한다.

결국 이성의 뇌와 감정의 뇌는 서로 잘 협업해야 한다. 감정의 뇌가 목표를 향해 이끌어주면 이성의 뇌는 적극적으로 목표를 이루기 위한 방안을 찾아줘야 한다.

마음이 무너지는 네 가지 이유

사전 준비 10년, 촬영에만 2년이 걸렸다는 CCTV 다큐멘터리 〈거울〉이 2017년에 방영됐다. 하지만 시청자들은 주요 출연자들이 90일 동안의 강제 훈련을 거치고도 행동에 아무런 변화가 없다는 사실에 실망하고 말았다. 이들은 여전히 자신이 피해자라고 생각했고 불평불만에 가득 차 있었으며 전과 다름없이 학교에 가지 않고 멋대로 굴었다. 그중 열여덟 살 장자오張釗는 아버지와 대화할 때도 휴대폰을 보고 입에는 불평불만을 달고 살았다. 아버지를 협박해서 1만 위안을 갈취하기까지 했는데 고작 여자친구에게 강아지를 사줘야 한다는 게 이유였다.

장자오 같은 내담자는 아주 많다. 이해라는 측면에서 보면 이들 대부분은 실천하기만 하면 효과 좋은 방법을 이미 알고 있다. 하지만 순조롭게 그 길로 나가지 못한다. 왜일까? 내적 소모에서 빠져나오는 네 개의 산을 넘지 못하기 때문이다.

1. 검증되지 않은 정보의 과잉 신뢰

우리는 종종 제대로 된 정보를 알거나 태도를 바꾸면 행동을 바꿀 수 있다고 믿는다. 때문에 많은 사람이 인터넷, 서적, 강연 등을 통해 부단히 지식을 보충하지만 안타깝게도 이런 방식으로는 문제에서 벗어나기 매우 어렵다.

샤샤莎莎의 엄마는 1년 전부터 딸과의 관계에서 점점 더 큰 스트레스를 받고 있다. 열네 살 딸과 자주 충돌하기 시작했고 대화를 할 때면 저도 모르게 강렬한 적의를 드러냈다. 관계를 풀기 위해 샤샤 엄마는 자신을 바꾸기로 했다. 심리 훈련에 참여하고 책도 사들였다. 나를 찾아왔을 때 샤샤 엄마는 곤혹스러워하며 괴로워했다. "이렇게 많은 돈을 쓰고 이렇게 많은 강연을 들었는데 어째서 아이와의 소통은 여전히 엉망일까요?"

그저께 저녁 샤샤 엄마는 딸과 함께 산책을 나갔는데 내내 웃고 떠들며 즐거운 시간을 보내다가 다시 언성을 높이게 됐다고 했다. 샤샤가 친구를 사귀는 문제에 대해 얘기해서 열심히 듣고 의견을 덧붙였는데 자신은 좋게 이야기했다고 생각했지만 딸은 즉시 "됐어, 엄마는 그런 말을 안 하면 죽기라도 해?"라고 쏘아붙였고 그 말을 들은 순간 자기도 모르게 "너는 말이 적니? 너는 말이 적어?"라고 같이 소리를 질렀다고 했다.

샤샤 엄마가 보인 스트레스 반응과 딸의 행동은 모두 자동 방어 반격 기제에서 비롯된다. 실제 위험이든 언어적 충격이든 위협이 닥친다는 느낌이 들면 우리 몸은 신속하게 전투나 방어 태세에 진입한다. 재빨리 위협 정보를 찾아내고 위협의 존재를 부정하는 정보는 막아버린다. 이때 우리는 습관대로 행동하고 귀를 막은 채 고집스럽게 상황을 인지하고 이해한다. 아주 빠르게 통제 불능 상태에 빠진다.

이는 샤샤의 잘못이 아니다. 샤샤 엄마의 잘못도 아니다. 관계를 변화시키려면 정보 습득과 태도 변화도 필요하지만, 통제 불능 상태에 빠진다는 것은 어쨌거나 이성의 뇌의 작동 시간이 10퍼센트밖에 되지 않으니 무엇보다 효과적인 연습이 필요하다는 사실을 알려준다. 평균 2년의 훈련을 거쳐야 런던의 택시 운전사가 될 수 있듯 지속적으로 효과적인 연습을 익혀야 뇌 구조를 변화시키고 새로운 습관을 만들 수 있다. 대뇌의 신경회로를 바꾸지 못하면 원래의 소모적인 사고와 행위 패턴에서 벗어나기가 아주 힘들다.

2. 잘못 짚은 해결책

문제가 터지고 나서야 해결하는 건 인간의 본능이다. 심리적 곤경에 빠진 많은 사람이 문제를 해결하기 위해 노력한다. 다만 그 노력이 오히려 새로운 문제를 만들어내기도 한다. 해결 방안 대부분이 소모적이어서 문제를 해결할 수 없을 뿐 아니라 도리어 기존의 고통을 더 확대하는 딜레마에 빠지는 것이다. 내담자 다수가 이런 실정이다.

대학생 2학년 샤오이小義는 체육 수업에 대한 극단적 공포 때문에 도움을 청하러 온 사례였다. 샤오이는 정말 체육 수업을 두려워했을까? 상담이 진행됨에 따라 샤오이는 서서히 자기 문제를 털어놓았다. 1학년 때 체육 수업에서 농구를 했는데 샤오이가 못한다는 이유로 남학생 몇 명이 시비를 걸었다고 했다. 이때부터 체육 수업에서 그들을 만나는 게 두려워지기 시작했고 이런 공포가 서서히 농구에 대한 공포로 번지고 말았다. 농구에서 배구로 훈련 종목을 바꿨는데도 공포는 여전했고 수업 시간에 늘 다른 학생들이 자신을 비웃는다는 느낌을 받았다. 그렇게 공포는 체육 수업 자체에 대한 공포로 변했고 샤오이는 거의 매번 체육 수업을 앞두고서 병이 났다. 이제는 체육 수업이 머릿속에서 떠오르기만 해도 긴장된다. 손바닥에서 땀이 나고 몸이 움츠러든다.

샤오이의 경험은 전형적인 고통 심화 과정을 보여준다. 현실에서 우연히 상처 입고, 이를 두려워하게 되자 또 다시 상처를 입고, 그래서 특정 상황을 피하는 선택을 하게 되는 것이다. 피한다고 고통에서 벗어날 수 있는 것이 아니므로 회피 범위가 확대된다. 관련 있는 사물, 상황, 개념 모두가 회피 목록에 들어간다. 마지막에 가면 피할 데가 없어진다. 고통이 현실의 자극에서 사고의 자극으로 변화하면서 시시각각 고통에 시달리기 시작한다.

스티븐 헤이스 교수의 2004년 연구에 따르면 모든 심리적 과정에서 회피는 부정적인 효과를 초래하는 가장 심각한 대응 기제 중 하나다. 샤오이처럼 불쾌한 감정을 피하고 앞으로 이어질 변화를 두려워하며 그 어떤 불확실성도 마주하고 싶지 않아 하고 결점을 두려워하는 식의 해결 방안을 선택하면, 종종 다음과 같은 역설을 몸으로 직접 체험하게 된다.

처음에는 그저 현실의 고통을 느끼는 수준에 불과하지만 발버둥 치는 와중에 현실의 고통이 생각의 고통으로 변하기 시작하고 나중에 현실의 자극은 아예 필요도 없어진다. 그냥 하나의 상황, 하나의 생각만 있어도 고통의 심연에 빠질 수 있다. 회피하는 도중에 고통이 확대된 것이다. 문제 해결 방식이라고 생각했던 회피 자체가 순식간에 새로운 문제로 변해버린다.

세 살짜리 아이가 있는 후이원慧文은 최근 남편과의 관계에 빨간 등이 켜졌다. 대화만 하면 자꾸 큰소리가 났다. 그래서 두 사람은 아이와 노는 일 외에는 적극적인 의사소통을 피했다. 두 사람은 문제를 해결하고자 했다. 그러나 그 해결 방식이야말로 진짜 문제였다. 회피는 부부 관계를 깨뜨리는 마지막 한 방이 되기 쉬웠다. 오랫동안 결혼생활을 연구해온 심리학자 존 가트맨John Gottman은 부부가 서로 담을 쌓고 의사소통을 줄여가는 것을 결혼생활 파국의 마지막 신호로 본다. 후이원은 무척 답답했을 것이다. 본인들의 바람과 다르게 관계가 나날이 나빠지고 있었으니 말이다.

잘못된 대응 방안 때문에 노력하면 할수록 더 상처를 받는 사례는 너무도 많다. 여동생의 우울증 발작으로 도움을 청하러 온 샤오탸오小跳도 그랬다. 샤오탸오의 동생은 십여 년 전 우울증 진단을 받았다. 한 달 전부터 불면에 시달리던 동생은 우울증이 재발했고, 가족들은 동생을 자극하지 않으려고 동생이 원하는 건 거의 다 들어줬다. 가령 물건을 때려 부수고 싶어 하면 때려 부수게 했고 외모를 가꾸고 싶어 하면 그렇게 하게 했다. 쇼핑을 하고 싶어 하면 돈을 줬고 아버지를 두려워하고 어머니를 미워하니 부모와의 접촉도 줄여줬다. 가족이 이렇게 노력했지만 동생은 한 달 뒤 오히려 상태가 더 나빠져 병원에 입원하고 말았다.

동생에게는 다른 방법이 필요했다. 다큐멘터리 〈거울〉에 나오는 청소년들도 마찬가지였는데, 이들이 변할 수 없었던 핵심 원인 중 하나가 바로 자신들이 처한 곤경을 어떻게 처리해야 할지 모른다는 것이었다. 대뇌의 자동 조종 시스템을 움직여 스트레스를 처리하지 못하면 누구도 곤경에서 벗어나기 힘들다.

3. 심신의 피로

검증되지 않은 정보의 과잉 신뢰, 잘못 짚은 해결책 다음으로 넘어야 할 세 번째 산은 심신의 피로다.

마음의 문제에 있어서는 내담자 개인의 노력이 상당히 중요한데 많은 경우 한숨을 쉬며 실질적 노력을 하지 않으려 한다. "전 안 돼요." "전 못 한다고요." "며칠 못 잤더니 정신을 못 차리겠어요." "머리가 아파요." "어지러워서 움직일 힘도 없어요."

심신의 자원은 유한하며 자아는 심리적 과정이면서 동시에 에너지의 과정이다.

1998년 《인격과 사회심리학 저널Journal of Personality and Social Psychology》은 미국 케이스웨스턴리저브대학교의 로이 바우마이스터Roy F. Baumeister가 엘런 브래츠라브스키Ellen Bratslavsky, 마크 무레이븐Mark Muraven, 다이앤 타이스Dianne M. Tice 등 세 명의 동료와 함께 진행한 의지력 실험을 게재했는데, 이 논문은 자아를 이해하는 데 깊은 영향을 끼쳤다.

실험 첫 단계에서 이들은 피실험자 67명에게 갓 오븐에서 나온 초콜릿 케이크를 줬다. 개중엔 케이크를 코밑으로 가져와 냄새를 맡는 이들도 있었다. 케이크에 대한 욕망을 한껏 키워놓은 뒤 연구진은 일부에게만 케이크를 맛볼 기회를 줬다. 다른 그룹에게는 당근만 하나씩 나눠주고 다 먹으라고 요구했다.

이어서 실험 두 번째 단계, 연구진은 피실험자들에게 어려운 문제를 낸 다음 답안을 제출하게 했다. 그 결과 당근을 먹은 그룹은 빠른 속도로 문제를 포기했다. 평균 8분 만에 포기했는데 이 시간은 첫 번째 단계 없이 문제 풀이만 했던 그룹이 버틴 시간의 반밖에 되지 않았다. 한편 케이크를 먹은 그룹은 평균 시간 24분을 버텼다.

이 실험은 자제력, 의지력 등의 자원이 유한하다는 사실을 명확히 밝혀준다. 이런 자원은 근육처럼 과하게 사용하면 피로를 느끼고 효율이 떨어진다. 적어도 단기적으로는 그렇다. 로이 바우마이스터는 의지력이 사용할수록 약해지는 효과를 자아 고갈ego depletion이라고 부른다. 그 뒤로 많은 과학자가 이 문제를 연구했다. 수십 개의 관련 연구를 한데 모아 분석한 보고서 역시 자아 고갈 이론의 정확성을 뒷받침한다. 심신의 자원을 많이 낭비하면 말, 행동, 생각 등을 바꿀 힘이 없어진다는 것이다.

매주 한 시간 동영상을 보는 게 낙인 샤오웨이小薇는 대학 입시를 3개월 앞두고 오롯이 시험 준비에 집중하기로 엄마와 약속했다. 처음에 샤오웨이는 필요한 변화라고, 해낼 수 있다고 생각했다. 그러나 곧 집중력을 잃었다. "오전에는 그나마 괜찮은데 오후나 저녁만 되면 책에 나오는 단어 하나, 사진 한 장에도 동영상이 떠오르고 보고 싶어져요. 그래도 마음을 다잡아야 하니까 강제로 공부로 주의를 돌려 버리죠."

샤오웨이는 얼마 못 가 '동영상이 보고 싶지만 참아야 해. 그런 생각을 하면 안 돼'라는 자기 투쟁에 사로잡히고 말았다. 학습 효율은 쭉쭉 떨어졌다. "제 자신을 설득하고 통제하는 데 쓰는 시간이 동영상 보는 시간을 훨씬 웃돌아요. 그런데 이런 생각을 하면 더 초조해지고 자책하게 되더라고요."

자책, 가책, 부끄러움, 자아 부정, 억압과 통제 등에 자신을 소모할 때 학습과 기억의 자원은 부족해지고 주의력은 떨어지며 기억력도 나빠진다.

생각하고 결정을 내리는 등의 행동을 할 때 대뇌 혈당은 신속하게 닳는데 혈당이 부족하면 의지력, 판단력이 모두 영향을 받는다. 모순적이지만, 괴로움을 극복하려 할수록 더 괴로워지는 악순환에 빠지는 이유는 심신의 자원을 쓸데없이 낭비하는 데 있다. 이로 인해 나 자신을 바로잡고 자제하는 데 사용할 자원이 심각하게 부족해진다. 결과적으로 피로, 무력감, 두통, 감정 통제 불능 등의 문제 속으로 떠밀리게 된다.

4. 통제 불능 상태를 인식하지 못하는 것

중대한 도전 앞에서 우리 반응은 보통 다섯 단계로 나타난다.

첫 번째, 신속히 판단을 내린다. 이는 대뇌의 천성이다. "아이고, 망했다!" 같은 식으로 몸이 반응하기 전에 먼저 결론을 내린다. 두 번째, 공포, 수치, 분노, 슬픔, 실망 등 감정의 충격을 느낀다. 이 단계의 전형적인 특징은 짧은 시간 안에 물밀듯이 감정이 용솟음친다는 것이다. 세 번째 단계에 이르러서는 어떻게 해야 할지 자문한다. 충격 이후 이성의 뇌가 작동하면서 유효한 질문을 던지는 것이다. 이어서 네 번째로 해결 방법을 찾는다. 이성의 뇌는 감정을 처리하고 소모를 멈추고 정확한 질문을 던지면서 실행 가능한 해결 방법을 하나 선택한다. 마지막 다섯 번째 단계로 이를 행동에 옮기고 피드백을 얻는다. 피드백에 따라 방법을 조정한다.

모든 것이 순조로울 때는 이 다섯 단계가 아주 빠르게 진행된다. 하지만 두 번째 단계에서 감정이 충분히 받아들여지고 공감을 얻지 못하면 '거울신경세포 수용체 결핍Mirror Neuron Receptor Deficit' 현상이 초래된다. 이는 정신과 전문의 마크 고울스톤Mark Goulston이 제기한 것으로, 우리가 늘 거울신경을 통해 외부 세계를 비춰보고 타인의 욕구를 이해하며 다른 이로부터 칭찬받기 위해 노력한다는 것, 이와 동시에 우리의 감정과 욕구 역시 받아들여지기를 바라지만, 이런 갈망이 충족되지 않으면 이해받지 못한다는 느낌을 받게 되고 깊은 고통에 빠져든다는 내용이다. 결국 우리의 주의력은 다섯 단계 중 처음 두 단계에 오래도록 머물게 되며 생활은 멈춰버린다.

감정의 속박에서 성공적으로 벗어나 세 번째 단계로 넘어가도 생각해낸 해결 방안은 아무런 효과를 내지 못할 것이고 이에 실망한 우리의 주의력은 다시 앞의 두 단계로 돌아갈 것이다. 이것이 바로 무기력의 과정이다.

이런 악순환에서 벗어나려면 다음과 같은 기본적인 인식을 확립해야 한다. 우선 고통은 성장의 일부라는 사실을 받아들여야 한다.

2장. 내 머릿속부터 들여다보라

이를테면 우뚝 솟은 산봉우리를 넘으려면 반드시 힘든 오르막길을 올라야 하는 것과 같다. 그러므로 고통 없는 삶은 만족감 없는 삶이 될 수밖에 없다.

다음으로는 내 삶은 내가 책임져야 한다는 인식이 있어야 한다. 당신은 변화를 통해서, 생각과 행동의 선택을 통해서 감정을 통제할 수 있다. 당신은 감정의 노예가 아니라 감정의 주인인 것이다.

그다음으로 자기 인식self awareness을 할 수 있어야 한다. '아, 내가 첫 번째 단계에 들어섰구나. 일상이 멈춰버렸구나. 하지만 괜찮아. 내적 소모를 멈추고 차근차근 문제를 해결해서 다음 단계로 넘어갈 수 있어.' 이런 식으로 말이다. 물론 이런 자기 인식은 선천적으로 할 수 있는 게 아니다. 많은 연습이 필요하고 대뇌의 자동 조종 패턴을 식별하고 감정을 효과적으로 관리할 수 있어야 한다.

마지막으로 내적 소모를 처리할 효과적인 기술이 있어야 한다. 주의력을 어떻게 조정할지, 불쾌한 감정을 어떻게 관리할지, 생각을 어떻게 처리할지, 기술을 어떻게 보충할지 등에 관한 지식이 있어야 한다.

마음의 고통을 탈출하는 4단계

어떻게 해야 효과적으로 내적 소모에서 빠져나와 고통에서 벗어날 수 있을까? 수용전념치료Acceptance and Commitment Therapy의 창시자인 스티븐 헤이스는 한 강연 말미에서 이런 결론을 내놓았다. 행복은 인생의 정상적인 상태가 아니라고, 고통이야말로 정상적인 상태라고 말

이다. 그러므로 우리는 고통을 대면하고 고통과 살아가는 방법을 배워
둘 필요가 있다. 그런 다음에야 유한한 심신의 자원을 절약해서 자신
이 원하는 행복을 찾을 수 있다. 이를 위한 4단계 지침을 소개한다.

1단계 : 도전을 받아들인다

누구나 스트레스에서 벗어나고 싶어 하지만 스트레스는 인생을
발전시키는 데 상당히 중요하다. 우리 몸에 긍정적인 작용을 하는 옥
시토신이 바로 스트레스 대항 호르몬이다. 스트레스를 받으면 뇌하
수체가 옥시토신을 분비하는데, 옥시토신은 천연 소염제로 작용해서
스트레스 상황에서도 혈관을 가뿐하게 유지해주고 심장 세포의 재생
과 복원을 돕는다. 예를 들어 내성적인 사람이 부끄러움을 극복하고
파티에서 사람들과 어울릴 수 있게 도와주는 식이다.

따라서 스트레스나 고통을 받아들여야만 효과적으로 고통에서
벗어날 수 있다. 최근 들어 이런 '수용'의 개념이 알려지곤 있지만 아
쉽게도 대다수가 어떤 게 진정한 수용인지는 잘 모른다.

샤오친小芹은 이미 대학생이 됐지만 여전히 공부 때문에 애가 탄
다. 학업 스트레스에서 벗어나기 위해 샤오친은 자신을 받아들이기로
했다.

"늘 무의식적으로 다른 사람과 저를 비교해요. 그러다 보니 너무
힘이 들더라고요. 지금은 제게 이렇게 말해요. '저 여자와 비교하기
위해 내가 존재하는 건 아니야.' '내 스타일 대로 살자고. 다른 사람이
나랑 무슨 상관이야.' '성적 생각하지 마. 즐거우면 된 거야.' 하지만
아무 소용없는 것 같아요. 머릿속에서는 아직도 하루하루 난리가 나

거든요."

샤오친은 자신을 받아들인 것이 아니라 자신의 생각을 무시하고 차단해버린 것에 불과하다. 수용이 자기 설득이나 무의식적 욕망을 무시하고 억압하는 것과 같다고 생각하는 이가 많다. 하지만 진정한 수용은 평가, 부정, 위로, 무시, 억압 등을 하지 않는다.

불면증에 시달리는 위링翔靈은 곧 석사 졸업을 앞둔 대학원생이다. 지도 교수의 추천 덕에 만족스러운 일자리를 찾았고 졸업 후 바로 일을 시작할 계획이다. 위링은 자기 앞에 밝은 내일이 펼쳐 있다고 생각했다. 하지만 2주 전부터 불면증이 시작됐다.

위링은 상담 중에 자신의 상황을 이렇게 설명했다. "졸업을 앞두고 논문을 썼어요. 그런데 논문에 넣은 이미지가 잘못됐더라고요. 논문은 이미 다 쓴 상태였거든요. 지도 교수님한테 보내드리고 나서야 잘못됐다는 걸 알았고 곧장 맞는 이미지로 교체했어요. 하지만 지도 교수님께 혼날까 봐 무척 걱정되더라고요. 교수님은 아무 말씀도 하지 않으셨지만 전 매일 그 일을 생각했어요. 그러고 나서 재앙 같은 일들이 꼬리에 꼬리를 물고 연상되기 시작됐죠. 잘못 넣은 이미지가 지도 교수님 명예에 누를 끼치지는 않았을까? 내 졸업에 영향을 주지는 않을까? 생각이 여기까지 미치니 잠이 오지 않았어요."

상담이 진행됨에 따라 위링은 이 문제의 해결 방법을 말하기 시작했다. "주변에서는 대단한 일이 아니라고 해요. 저도 어젯밤 침대에 누워서 저 자신을 그렇게 위로했어요. '별일 아니야. 걱정하지 마. 생각하지 말고 얼른 잠이나 자자!' 하지만 아무 소용없더라고요. 생각이 제멋대로 날뛰어서 잠이 안 왔으니까요. 수면제도 소용없어요."

위링이 자기 위로라고 했던 것은 수용이 아니라 통제였다.

뇌신경 생리학 연구에서 인간은 본질적으로 이성적 존재가 아니라 감정적 존재라는 사실이 이미 밝혀졌다. 감정의 뇌는 자신이 받아들여진다는 느낌을 받지 못할 때, 누군가 내 말을 경청해주고 인정해준다는 느낌을 받지 못할 때 자기 투쟁에 빠진다. 거짓 수용의 결과는 이처럼 자기 투쟁으로 발현되는데 진짜로 상황을 받아들이려면 먼저 자기 투쟁을 포기해야 한다.

위링의 경우 우선 많은 습관을 바꿔야 한다. 하지만 가장 급박하게 처리해야 할 건 불면증이므로 일단 세상에 대한 억측을 그만두고 현재로 돌아오는 법을 배워야 한다. 상담 과정에서 위링은 현재로 돌아올 수 있는 긴장 풀기와 자기 인식을 중점적으로 연습했다. 이후 이틀 동안 위링은 변화를 느꼈다. 늦게 잠이 들기는 했지만 그래도 수면제 없이 잠을 잘 수 있었다.

물론 모든 문제가 이렇게 쉽게 해결되지는 않는다. 사흘 뒤 위링은 또다시 잠을 이루지 못했다고 했다. "연습한 그대로 다 했는데도 잠이 오지 않으니까 초조해지기 시작했어요. 왜 아직도 잠이 안 오지? 연습한 게 어째서 소용이 없을까? 또 그렇게 생각이 멋대로 뻗어나갔고 결국 수면제를 먹어야만 했어요."

위링이 겪는 고통을 다른 많은 사람들도 겪는다. 안도감은 인간의 가장 기본적 욕구다. 우리 대다수가 안도감을 얻기 위해 가급적 불확실성을 없애려 한다. 불확실한 세상이 확실해지도록, 예측할 수 없는 결과를 예측할 수 있도록 말이다. 확실성을 꾀하려는 이런 노력은 곧 대뇌의 각성으로 이어지는데 각성이 바로 불면증을 불러오는 근원이다. 위렁이 자연스럽게 잠들 수 있는 능력을 회복하려면 아직 더 긴 시간과 더 많은 연습이 필요하다.

2단계 : 효과적인 의식과 지속적인 노력

심리상담에서 가장 중요한 목표는 내담자가 독자적으로 상황을 대면하고 다양한 방법을 시도할 수 있게끔 내담자의 내적 역량을 강화해주는 것이다. 하지만 많은 경우 상담사가 내담자의 내면 세계의 핵심이 되어버린다. 솔직히 밝히자면 이런 경우는 대다수 상담이 힘을 발휘하지 못했다는 뜻이다.

한 저명한 심리상담사가 이런 이야기를 했다.

"예전에 몇 개월 동안 한 남자아이를 상담해서 성공적으로 끝낸 적이 있습니다. 10년 뒤 길거리에서 우연히 그 아이를 만났는데 전 한눈에 알아봤지만 그 아이는 절 전혀 알아보지 못하더군요. 제게는 너무나 자랑스러운 순간이었습니다. 내담자가 정상적인 생활을 하게끔 도와준 뒤 그렇게 완전히 잊혀질 때야말로 최상의 치료 효과를 봤다고 할 수 있습니다."

공수도空手道 훈련을 시작할 때 수강생들은 '오쓰押忍'라는 기합을 넣는다. 이 기합이 나오면 사람들의 표정이 곧바로 엄숙해지고 호흡도 독특한 리듬을 타게 된다. 오쓰는 안부를 묻는 경의의 표현으로 인내심, 결심, 견지를 상징한다. 모든 수강생이 이 점을 알고 있기 때문에 이 기합이 들리면 신속하게 연습 때와 같은 상태로 심신을 조정한다. 오쓰는 하나의 신호이며 완전히 새로운 상태를 의미한다.

내담자가 내면의 힘을 발견하고 상담사에게서 독립하려면 우리에게도 오쓰와 같은 효과적인 의식이 필요하다. 엘런 랭어 교수는 감정과 이성, 행동을 통합할 때 두뇌는 물론 심장과 두 손을 갖게 된다고 말했다.

의식적인 훈련은 행동, 생각, 감정을 바꿀 수 있을 뿐 아니라 대뇌에도 영향을 끼친다.

정신과 전문의 제프리 슈워츠Jeffrey M. Schwartz 박사는 인지행동치료 방식을 활용해 강박증을 극복하기 위한 4단계 치료 과정인 이름표 바꾸기relabel, 인식 바꾸기reattribute, 초점 바꾸기refocus, 평가 바꾸기revalue를 설계했다. 핵심은 강박증 환자의 초점을 다시 적응 행동에 맞추는 것이다.

1990년대 말, 슈워츠와 그의 동료들은 이 4단계를 활용해 강박증 환자 치료 성공률을 80퍼센트까지 올렸으며 재발 사례는 한 건도 없었다. 치료 과정을 연습하기 전 환자의 대뇌 영상 스캔brain imaging scan에서는 대뇌 꼬리핵Caudate Nucleus, 안와전두 피질Orbital Frontal Cortex, 우뇌의 시상Thalamus이 뚜렷하게 활성화되어 있었다. 하지만 연습 뒤 해당 부위는 더는 활성화되지 않았으며 강박증에 시달리던 대뇌의 자물쇠가 열리게 됐다.

그러나 치료법을 아는 것만으로는 유효한 변화가 일어나지 않는다. 내담자에게 연습을 지속할 동력이 없으면 그 어떤 방법도 효과가 없다. 성인이 전혀 새로운 대뇌 회로를 구축하려면 엄청난 노력과 결의를 쏟아 부어야 하며 아주 오랫동안 연습을 지속해야 한다.

기술을 익힌 다음 끊임없이 연습해야 학습한 기능을 유지할 수 있다.

2장. 내 머릿속부터 들여다보라

로잔대학교 신경과학연구소의 보그단 드라간스키Bogdan Draganski 박사는 피실험자 24명에게 저글링을 가르쳐주고 대뇌 영상 스캔을 이용해 이들의 변화를 관찰했다. 3개월이 지나자 피실험자들은 차츰 저글링 기술을 익혔고 이에 대응하는 측두엽temporal lobe과 두정엽내고랑intraparietal sulcus 좌측 후두정엽이 뚜렷하게 커졌다. 다시 3개월이 지나자 해당 부위가 원래 크기로 돌아갔고 피실험자 역시 저글링 기술 대부분을 잊어버렸다.

효과적인 방법과 지속적인 연습은 내담자가 내적 소모를 멈추고 내면의 역량을 찾아내 독립적으로 도전에 대응하는 능력을 기르는 데 없어서는 안 될 두 가지 보물이다.

3단계 : 긍정적인 피드백을 찾는다

살다 보면 이런 생각을 하게 된다.

'어째서 난 뭘 해도 안 될까?' '노력 참 많이 했는데 왜 아직도 이렇게 힘들까?' '세 번이나 사과했는데 엄마는 날 용서하려고 하지 않아. 도대체 나보고 뭘 어쩌라는 걸까?'

이런 상황에서 부정적인 피드백은 감당할 수 없는 새로운 짐이 된다. 우리의 모든 능력은 긍정적인 피드백에서 비롯되며 모든 고통은 부정적인 피드백과 연관된다. 정신건강을 회복해가는 과정에서 내담자가 해결해야 할 커다란 함정이 바로 통제할 수 없는 목표가 초래하는 부정적인 피드백이다.

고등학교 2학년생 핑광枰光은 엄마와의 관계가 살얼음판이라며 나를 찾아왔다. 핑광은 어린 시절 부모님이 이혼하면서 아버지와 함께 농촌에서 살다가 도시로 고등학교를 다니게 되면서 엄마 집으로 들어가게 됐다. 핑광이 그토록 갈망해온, 엄마와 가까워질 기회가 찾아온 것이었다. 하지만 핑광의 기대와 달리 어머니는 짜증이 날 때마다 핑광을 비난하고 욕했다. 핑광은 점점 말을 아꼈고 마음은 점점 더 답답해졌다.

우리의 첫 번째 목표는 핑광이 표현 능력을 키워 어머니에게 속마음을 털어놓는 것이었다. 그러나 핑광이 몇 주에 걸쳐 이를 연습했음에도 어머니는 신경질적으로 공격했다.

"제가 무슨 말을 해도 소용없어요. 엄마가 절대 제 말을 들으려고 하지 않으니까요!" 크게 좌절한 핑광은 고개를 숙였다. 그리고 나는 핑광과 다음의 대화를 나눴다.

나 : 그렇군요. 참 어렵네요. 어머니가 핑광 씨가 하는 말에 전혀 귀 기울이지 않는군요.

핑광 : 네. 엄마는 자식이 부모가 듣기 싫어하는 말을 하는 게 도리에 크게 어긋나는 거라고 생각해요. 그런 말을 해선 안 된다고 생각하죠.

나 : 어머니의 반응에 많이 좌절했겠어요.

핑광 : 네. 엄마가 저를 욕하면 뭘 어떻게 해야 할지 모르겠어요.

나 : 소통 과정이 예상했던 것과 다르니 어찌할 바를 몰라 당황스러운 거군요.

핑광 : 정말 미칠 것 같아요.

나 : 네. 미칠 것 같죠. 같이 한번 살펴보죠. 전과 같은 고통 외에 다

른 감정도 느껴지나요?

핑광 : 무슨 말씀이세요?

나 : 예를 들어 이번에 핑광 씨가 세운 목표가 뭐였죠? 어머니를 바꾸
는 거였나요, 아니면 본인의 느낌과 욕구를 말로 표현하는 거였
나요?

핑광 : 제 느낌과 욕구를 표현하는 거였어요.

나 : 그런 각도에서 볼 때 본인의 행동은 어땠나요?

핑광 : 음, 이번에는 확실히 제 느낌을 표현하기는 했어요.

나 : 목표에 도달했다고 생각하나요?

핑광 : 도달했죠. 하지만 엄마는 여전히 저를 욕하잖아요.

나 : 음, 어머니의 반응이 정말 힘든가 봅니다. 하지만 우리가 어떤
목표를 잡았는지 기억하세요?

핑광 : 통제할 수 있는 일에 집중하자는 거였어요. 제가 제 행동은 통
제할 수 있어도 엄마 행동은 통제할 수 없죠.

나 : 그렇습니다. 일단 목표를 잘못 정하면 더 큰 좌절을 맛보기 쉽습
니다. 그러다 이미 시작한 변화도 포기하게 돼요. 처음에 세웠던
목표를 생각해보세요. 본인이 어떻게 한 것 같으세요?

핑광 : 그렇게 말씀하시니 그래도 꽤 괜찮게 해냈다는 생각이 들어요.

핑광이 서서히 고개를 들었다. 눈에서 광채까지 느껴졌다. 내담
자는 자신이 통제할 수 있는 목표를 명확히 세울 필요가 있다. 그렇
지 않으면 그렇지 않아도 얼마 되지 않는 결실이 상처에 덮여버리기
쉽다. 통제할 수 있는 목표를 설정하고 긍정적인 피드백을 받는 것,

이것이 내담자가 심리적 탄력성을 재건하고 자신의 삶을 지배하는 중요한 한 걸음이다.

4단계 : 고통을 나누고 고통을 정확하게 겨냥한다

고통이 심하면 거대한 산이 나를 누르는 느낌, 뭘 어찌지도 못한 채 꼼짝없이 당하고 있다는 느낌을 받기 쉽다. 무기력에 빠지면, 사람은 누구나 본능적으로 도망치고 싶기 마련이다. 하지만 도피는 소모를 의미할 뿐 어떤 문제도 해결해주지 못한다는 사실을 우리는 이미 확인했다.

고통을 효과적으로 처리하려면 고통을 마주하고 깊게 느껴야만 한다. 일단 고통의 내부로 들어가면 고통도 작게 분해할 수 있다는 사실을 깨닫게 된다. 고통의 서로 다른 측면을 분명하게 만져보면 훨씬 더 쉽게 효과적인 해결 방안을 찾을 수 있다.

메이梅가 내게 도움을 청한 이유는 사랑 때문이었다. "어째서 사랑하는 사람이 생기면 그때부터 마음이 알 수 없이 답답해지고 슬퍼질까요?" 메이에게 사랑은 우울, 슬픔과 연결되어 있었다.

좀 더 이야기를 나누자 내면의 진실이 수면 위로 올라왔다. "전 엄마를 사랑했어요. 하지만 엄마는 심각한 우울증에 시달리다가 결국 스스로 목숨을 끊었죠. 엄마는 제가 어렸을 때 늘 아빠를 미행하라고 시켰어요. 심지어 아빠가 화장실에 갈 때도 따라가라고 했을 정도였죠. 아빠가 다른 여자와 인사라도 할까 봐 늘 의심했던 거예요. 부모님의 싸움은 점점 더 험악해졌고 그러다 손찌검까지 일어났어요. 그때 얼마나 놀랐는지 몰라요. 그리고 더 시간이 흐른 뒤, 그러니까 크고 나서요. 누군가를 사랑하게 될 때마다 엄마와의 관계, 아빠와의 관계가 떠올라요. 결혼한 뒤에도 절대 싸우지 않고 늘 남편에게 져줬어요. 남편이 바람을 피우는데도 반년 동안 찍소리하지 않고 참았으니까요…….”

메이의 문제는 겉으로 보면 감정 관리의 문제로 보이지만 더 깊이 들어가 보면 성장 과정의 문제로 보인다. 그러나 단순히 이 두 가지 문제만 처리해서는 효과가 없다. 메이가 겪는 고통의 근원은 대뇌에서 자동으로 이뤄지는 소모적인 대화다.

‘저 사람을 사랑하면 안 돼. 부모님을 봐왔잖아. 서로 사랑하면 상처 주게 돼.’ ‘남편이랑 싸우면 안 돼. 엄마가 그것 때문에 우울해하다가 내 곁을 떠났잖아. 그런 고통은 도저히 감당할 수 없어.’

자신과의 이런 대화는 메이 내면의 공포를 보여준다. 나아가 감정 관리 기술과 부부 관계 기술이 부족하다는 사실을 보여준다. 할 수 있는 게 없다는 무력감은 슬픔을 부채질한다. 자동화된 사고로 고통받고 아무 효과 없는 문제 해결 방법을 취함으로써 다시 고통에 빠지는 악순환이 형성된다.

메이는 먼저 생각을 처리하고 주의를 돌리는 방법을 배워야 한다. 다음으로 공포와 슬픔 등 유쾌하지 않은 감정을 효과적으로 처리할 수 있어야 한다. 마지막으로 부부가 함께 지내는 데 필요한 기술을 익혀 습관으로 만들어야 한다. 메이가 겪는 문제에는 주의, 생각, 감정, 대인관계, 이 네 가지 단면이 보인다. 이와 동시에 문제를 처리할 효과적이고 통제 가능한 기술이 부족해 보인다.

다음 장부터는 내적 소모에 보편적으로 존재하는 주의력 부족, 생각 통제 불능, 감정적 충격 그리고 관계 기술 부족 등 네 영역에서 곤경을 처리하는 여섯 가지 도구와 이를 토대로 한 구체적인 해결 방안을 소개할 것이다.

연습해보자

1. 살다 보면 '아는데' 그러면서도 '해내지 못하는' 곤란한 상황을 종종 겪게 된다. 그 배후에는 어떤 원인이 있을까?

① 자기 문제 : 난 쓰레기야. 형편없어. 아무 가치 없는 인간이야.

② 환경 문제 : 필요한 자원도 부족한데 도와주는 사람도 없고 늘 나 혼자 고군분투하는구나.

③ 사회 문제 : 알면서도 하지 못하는 사람은 많아. 나는 아주 평범한, 정상적인 범주의 사람이야.

④ 습관 문제 : '안다'는 건 이성의 측면이고 '한다'는 건 행동의 측면이야. 연습이 부족해서 행동이 습관으로 굳지 않으면, '아는' 걸 자동으로 '하는' 것으로 바꾸는 게 보통 어려운 일이 아니라고.

2. 아래에 나열된 각종 현상의 원인은 무엇일까?

① 부끄러움을 느끼면 그 행동 때문에 더 나아지는 것이 아니라 더 엉망이 된다.

② 사람들은 아침에 비해, 바쁘게 하루를 보내고 난 저녁에 더 쉽게 화를 낸다.

③ 감정이 격해지면 화가 머리끝까지 치밀어 오르거나 이성을 상실하는 경험을 종종 한다.

④ 심리적 문제에 빠진 가족의 요구를, 그게 무례한 요구일지라도 무조건 들어주면 상태가 좋아지기는커녕 더 나빠지고 더 쉽게 통제 불능 상태에 빠진다.

3. 다음의 경험을 털어놓는 내담자에게 어떤 조언을 해줄 수 있을까?

저도 노력하고 싶지만 안 된다고요! 매일 눈만 뜨면 온갖 어지러운 일들이 떠올라서 참기가 힘들어져요. 너무 고통스러워요. 그래서 자리에서 일어나기도 싫고 꾸미고 화장하는 것도 싫어요. 나가기도 싫고요. 그냥 조용히 침대에 웅크리고 있을래요. 아무것도 하기 싫어요.

4. 아래에 묘사된 내용에는 어떤 문제가 있을까?

① 상담사가 그러더라고요. 제 문제는 저 자신을 너무 억압해서 생긴 거라고요. 그래서 이제 하고 싶은 일을 하고, 하고 싶은 말을 하기로 했어요. 누구도 저를 구속하지 못해요.

② 나이를 먹었으면 철이 들어야지. 어쩌자고 이렇게 말을 안 듣니?

③ 원하기만 하면, 의지만 굳건하면, 끝까지 포기하지 않으면 반드시 해낼 수 있습니다!

④ 우리 예쁜이, 참 똑똑하구나. 정말 대단해. 정말 자랑스러워!

5. 본인의 생활을 떠올리면서 아래 문제에 대답해보자.

① 본인이 자유인이라고 생각하나요? 행동의 자유를 누리고 있나요?

② 불쾌한 감정을 느낄 때 어떻게 처리하나요? 불쾌한 감정이 지금 하고 있거나 할 계획이 있는 일에 영향을 끼치나요?

③ 머릿속에 불쾌한 생각이 떠오를 때 어떻게 처리하나요? 불쾌한 생각이 본인의 감정뿐 아니라 행동에까지 영향을 끼치나요?

④ 불쾌한 감정이나 불쾌한 생각을 효과적으로 처리할 수 있고, 지금 하고 있거나 할 계획이 있는 일을 계속해나갈 수 있나요?

⑤ 감정과 생각이 행동을 통제할 때 당신은 자유인입니까, 아니면 노예입니까?

6. 생각해봅시다. 감정과 이성이 충돌할 때 당신은 어떻게 하나요? 당신의 선택과 행동이 어떤 결과를 가져오나요?

3장

나를 단단하게
만드는
여섯 가지 열쇠

내 자성이 본래 저절로 갖춰져 있는 줄
내 어찌 알았으랴.

《육조단경》

상담실 내 맞은편에 앉은 내담자들은 보통 몸을 웅크린 채 머리를 수그리고 있다. 전혀 움직이고 있지 않는 것 같은데도 심장이 빠르게 뛰고 안절부절못하며 두통, 피로, 무기력, 쇠약 등을 경험한다. 이들의 무기력, 고통은 한눈에 알아볼 수 있다. 몸으로 나타나는 신호 외에도 내담자들은 이런 질문을 자주 던진다.

"선생님, 좀 알려주세요. 어떻게 해야 마음이 편해질까요?"

"열심히 공부하고 싶어요. 시간 낭비하고 싶지 않아요. 그래서 정신을 딴 데 팔고 있다는 생각이 들 때면 너무 화가 나요. 성적이 떨어질까 봐 걱정도 커지고요. 결과적으로 공부에 집중할 수 없게 돼요. 좀 알려주세요. 도대체 어떻게 해야 할까요?"

"저도 긴장하고 싶지 않아요. 하지만 사람들 속에서 긴장하지 않으려고 하면 몸이 더 심하게 떨립니다. 어떻게 해야 이 감정을 통제할 수 있을까요?"

"아이와 관련된 물건은 하나도 쳐다볼 엄두가 안 나요. 기억이 되살아날 때마다 고통스럽습니다. 아들이 세상을 떠난 지 1년이 됐는데 어떻게 해야 이 슬픔에서 빠져나갈 수 있을까요?"

모두 내게 답을 묻는다. 이렇듯 많은 경우 다급해지면 외부에서 답을 찾으려고 한다. 타인 또는 전문가가 영험한 만병통치약을 처방해주길 바란다. 그러나 사람은 본래 고통을 처리하는 능력을 선천적으로 갖고 태어난다. 성장 과정에서 적절치 않은 교육을 받으면서 내면의 지혜를 점차 잊어버리는 것뿐이다.

전통적인 교육은 이성적으로 행동하고 충동적으로 굴어서는 안 되며 강해져야 하고 사소한 일에 울어서는 안 된다고 가르친다. 또한 매사를 낙관적으로 생각해야 하고 부정적이어서는 안 되며 용감해야 하고 두려워하지 말아야 한다고 한다. 또 혼자 괴팍하게 굴어서도 안 되고 주변과 어울려야 한다고 말한다. 지속적으로 내면을 무너뜨리는 이런 교육 탓에 우리는 오랫동안 자기만의 독특한 생각과 감정을 무시하거나 부인하고 심지어 적대시하게 됐다. 결국 그 과정에서 엄청난 에너지를 소모하고 자기 자신과 심리적 싸움을 벌인다. 어떤 심리 전문가들은 이 싸움에서 이기기 위한 다양한 기술을 가르친다. 정신없이 일에 매달려 취해 살라든가 잊어버리라든가 대충 넘기라든가 무시, 부인, 억압 등의 방식을 제시한다.

예전에 분노 처리에 꽤 많이 사용된 요법 중 하나가 '사고 차단 Thought Blocking'이라는 기술이었다. 방법은 아주 간단하다. 손목에 고무줄을 하나 끼우고 분노가 치밀어 오를 때마다 고무줄을 튕겨 가벼운 자극을 주는 것이다. 나는 이렇게 외부의 힘을 빌려 분노를 통제하는 방법이 정말 형편없다고 생각한다. 심리상담에서 아주 중요한 실험 중 하나인 '백곰 통제 실험'을 살펴보도록 하자.

하버드대학교 사회심리학자 대니얼 머튼 웨그너 Daniel Merton Wegner 교수는 한 그룹의 피실험자들에게 5분 동안 큰 소리로 머릿속에 떠오르는 이미지를 말하되 '백곰'은 생각하지 말라고 했다. 5분 뒤, 웨그

너는 앞으로 5분 동안은 마음대로 백곰을 생각해도 된다면서 백곰이 생각날 때마다 벨을 울리라고 했다. 그다음 대조 그룹에게는 5분 동안 백곰을 생각하고 생각이 날 때마다 벨을 울리라고 했다. 그 결과 첫 번째 그룹이 백곰을 떠올린 횟수가 대조 그룹의 횟수를 크게 웃돌았다.

이 실험의 결과처럼 생각은 통제하려고 할수록 반대로 통제하기 어려워진다. 생각이 많아 잠을 이루지 못할 때, 그만 생각하고 얼른 자야 한다고 생각하면 오히려 정신이 말짱해지는 것과 비슷하다. 특정 생각을 억압하는 방식은 아무 효과가 없다. 감정 처리도 마찬가지다. 분노를 억압하면 더 큰 분노가 유발될 뿐이다.

안타깝게도 심리 문제를 억압과 부인, 무시 등으로 처리하는 방식에 이어 정반대의 극단적 방식도 늘어가고 있다. 즉, 자기 마음대로 생각하고 감정이 자기 삶을 통제하게 내버려두는 방식이다. 특히 우울증을 앓는 사람들 사이에서 이런 생각이 유행하고 있다.

"제 감정을 존중해주세요. 강요하지 마세요."

"움직이고 싶지 않습니다. 그냥 이렇게 있게 내버려 두세요."

"저 못살게 굴려고 작정하셨어요? 외출할 엄두가 안 나요. 사람 많은 곳이 무섭다고요!"

"노력하고 싶지 않으면 노력하지 않을 거예요."

"우울해요. 학교만 가면 괴로워요. 휴학할 거예요."

생활이 감정에 끌려가기 시작하면 당장의 자극을 추구할 가능성이 훨씬 커진다. 2015년 신경과학자 제프리 H. 메이어Jeffrey H. Meyer 등은 대뇌 영상 연구를 통해 스트레스를 받을 때 뇌의 보상경로brain reward pathway가 고도로 활성화되는 반면 자제력과 관련된 대뇌 부위의 활성도는 크게 하락하는 것을 밝혀냈다.

스트레스 상태에서 대뇌 혈당량이 부족해지면 우리는 조삼모사朝三暮四 고사에 등장하는 원숭이들과 같은 행동을 한다. 선택을 주관하는 대뇌가 장기적인 이익에 집중하지 않고 즉각적인 자극에 집중하게 되는 것이다. 즉각적인 자극이 만족감과 즐거움을 가져다주기는 하지만 건강에는 별로 도움이 되지 않는다.

UCLA 의과대학의 스티브 콜Steven Cole 박사가 이끄는 연구팀은 생리적 차원의 기쁨이 가져오는 행복과 가치 실현이 가져오는 행복이 몸에 끼치는 영향을 연구했다. 그 결과, 기분이 좋아지는 일을 할 때와 의미 있는 일을 할 때 모두 긍정적인 감정이 생기지만 몸에 끼치는 영향은 판이한 것으로 나타났다. 의미 있는 일을 할 때 우리 몸의 염증 수준은 떨어지고 항체와 항바이러스 유전자는 높은 수준으로 올라갔다. 한편 쾌락이 가져오는 행복은 이와 상반되는 반응을 일으켰다.

불쾌한 생각과 감정을 부인하고 억압하는 것은 올바른 처리 방법이 아니다. 그렇다고 이에 순종하고 굴복하는 것도 옳지 않다. 이런 식의 감정 처리 방식은 내적 소모를 초래한다.

일단 인식부터 바로잡아야 한다. 좋지 않다고 생각한 생각과 감정을 배척하는 것에서 조용히 받아들이는 쪽으로 옮겨가야 한다. 이런 생각과 감정들 역시 존재 가치가 있음을 인식해야 한다. 행동도 마찬가지다. 자기 생각을 두려워하고, 공포와 분노, 슬픔, 부끄러움, 고독 등 유쾌하지 않은 감정을 막는 대신 행동으로 받아들이는 쪽으로 변해야 한다. 모든 생각과 감정에는 다 저마다의 존재 이유가 있다. 불쾌하다고 느끼는 감정을 경험해야만, 그리고 이런 감정을 활용하는 법을 배워야만 비로소 내적 소모를 멈출 수 있다.

지금부터 우리가 가지고 태어났으면서도 무시해온 여섯 가지 기본 능력을 소개한다. 이 여섯 가지 능력은 희망의 문을 여는 열쇠와 같다. 어떤 심리적 문제에 처하든 이 여섯 가지 열쇠를 잘 활용하면 더 쉽게 내적 소모에서 벗어날 수 있다.

자부심과 수치심 번갈아 활용하기

상담실에 온 아쥔阿軍은 몹시 우울한 상태였다. "술김에 외도를 하고 말았습니다. 심각한 죄책감에 시달리고 있습니다. 아내와 아이에게 너무 미안합니다."

"네, 죄책감이 크군요. 어떤 목적으로 절 찾아왔는지요?"

"아내에게 상처 주고 싶지 않습니다. 가정을 지키고 싶습니다. 하지만 이미 잘못을 저질렀으니 어찌해야 할지 모르겠습니다. 말하지 않고 묻어두려니 너무 괴롭습니다. 차마 아내의 눈을 볼 수가 없습니다. 어떻게 해야 할까요?"

아쥔은 자의식적 정서self-conscious emotions 중 하나인 수치심에 빠졌다. 표정 식별 및 감정 연구 분야의 대가인 폴 에크먼Paul Ekman은 1967년 미세표정micro-expression을 연구하기 시작하여 인류 공통의 일곱 가지 기본 감정을 발견했다. 공포, 분노, 슬픔, 기쁨, 놀람, 혐오, 경멸이 그것이다. 이런 기본 감정과 달리 자부심, 수치심, 죄책감, 당혹감, 공감 등은 각자의 성향과 판단에 의해 내려지는데 그 과정이 복잡한 탓에 정서라고 불린다.

외도를 한 뒤 아쥔은 수치심에 압도되고 말았다. 이 문제에서 벗어나려면 일단 자부심과 수치심을 이해하고 각각의 정서를 활용할 줄 알아야 한다.

자부심의 사전적 정의는 '목적한 바를 이뤘다는 감정. 성취감을 느낄 만한 상태'이다. 자부심은 유아도 아주 쉽게 느끼는 감정이다. 신경학자인 제시카 트레이시Jessica L. Tracy, 리처드 로빈스Richard W. Robins, 크리스틴 라가투타Kristin H. Lagattuta의 연구에 따르면 자부심을 식별하는 능력은 만 4세 이전에 발달한다. 자부심을 느끼는 시기는 이보다 더 이르다. 아이는 자기 힘으로 어떤 일을 해냈다는 걸 깨달으면, 예를 들어 어떤 단어를 배워서 잘 활용하면 이에 대한 자부심이 즉시 나타난다.

발달심리학자 마이클 루이스Michael Lewis는 자부심을 '생각, 행위 또는 감정적으로 꽤 괜찮은 일을 했다는 데서 오는 기쁨을 경험하는 것'이라고 했다. 자부심에 대응되는 수치심은 곧 생각, 행위 또는 감정적으로 자기, 타인 또는 사회가 기대한 바에 이르지 못했다는 것을 의미한다. 몸이 움츠러드는, 자기 자신이나 타인의 시야에서 사라져야만 할 것 같은, 숨어버리고 싶은 경험인 것이다. 자부심은 넘치는 활력으로 모든 도전에 대응할 수 있게 해주는 반면, 수치심은 지금 하고 있는 행동을 멈추고 혼란스러운 생각에 빠지게 하며 심지어 말할 힘까지 잃게 한다.

곤경에 빠진 아쥔의 모습이 딱 이랬다. 수치심에 빠진 아쥔은 부부 관계에 의미 있는 어떤 행동도 할 수 없었다. 아내를 마주할 수 없어서 자기도 모르게 아내를 멀리했다. 원하던 삶에 역행하는 행동이었다. 나는 아쥔에게 물었다.

"정말로 결혼생활을 지키고 싶나요?"

"예. 말씀드렸듯 그건 실수였습니다. 그 실수를 메우고 싶습니다."

"좋습니다. 그 실수를 메우고 내면의 수치심을 해결하고 싶은 거군요. 그렇다면 효과적인 방법이 하나 있기는 합니다. 시도해보겠어요?"

"어떤 방법인가요?"

"본인의 공포와 대면하고 책임을 지는 겁니다. 아내에게 그간의 모든 일을 털어놓고 도움을 받도록 하세요."

아쥔은 솔직해지는 쪽을 택했고 나와 연습을 두 번 한 뒤 아내에게 잘못을 인정했다. 예상했던 그대로 아내는 충격, 상심, 실망, 절망 등 아주 격렬한 반응을 보였다. 다행히 아쥔은 효과적인 사과의 기술과 아내의 분노와 슬픔을 어떻게 처리할지를 열심히 연습해뒀다. 아내는 아쥔의 정성에 결국 용서하는 쪽을 택했다.

안타깝게도 아쥔의 이야기가 마냥 해피엔딩으로 끝난 것은 아니다. 몇 주 뒤 다시 찾아온 아쥔은 이렇게 말했다. "잘못을 인정하기는 했지만 지금도 아내를 못 쳐다보겠어요. 과거의 행동이 떠오르면 아내의 고통이 떠오르고 아내에게 상처를 줬다는 생각에 죄책감을 느껴요. 그냥 멀리 숨어버리고만 싶네요. 퇴근 시간이 가장 견디기 힘듭니다. 집에 가고 싶지 않고 갈 엄두도 나지 않습니다."

3장. 나를 단단하게 만드는 여섯 가지 열쇠

우리는 종종 수치심으로 인해 이런 문제를 겪는다. 수치심에 빠져 원하는 대로 행동할 능력을 잃어버리는 것이다. 아쥔은 아내와 가정을 지키고 싶어 한다. 하지만 수치심 탓에 도움이 되지 않는 행동을 계속하고 있다.

수치심은 지속적인 내적 소모를 불러일으키는, 많은 사람이 극도로 피하려는 감정이지만 그렇다고 꼭 나쁜 것만은 아니다. 수치심에도 독특한 존재 가치가 있다. 수치심이 없으면 자기 개선과 전진의 원동력을 얻기 힘들다. 어떤 대상을 두고 수치심을 느낀다는 건 그 대상이 내가 마음을 쓰는, 사랑하는 대상이라는 의미다. 수치심은 우리가 나아가야 할 방향을 제시해주고 전진할 동력을 부여하는 한편, 우리가 안전하고 믿을 만한 성인 애착adult attachment을 재건하는 데 도움을 준다. 그러므로 능동적으로 수치심을 경험해보는 것은 수치심을 효과적으로 처리하는 데 도움을 준다.

- 자부심의 기능 : 수치심을 효과적으로 처리하고 자기 효능감을 높여준다. 더 나은 모습을 보이게 해준다.
- 수치심의 기능 : 행동을 개선하고 손상된 관계를 복원해준다.

낙담과 슬픔의 숨은 기능 찾기

일이 기대했던 대로 되지 않을 때, 원하는 걸 얻을 수 없을 때 처음 느끼는 감정이 낙담이다. 낙담은 결코 편한 경험이 아니기 때문에 이를 피하고자 상실감과 무력감에 빠져버릴 수 있는데 이때 뒤따라오는 감정이 바로 슬픔이다. 슬픔 역시 피하려고 하다 보면 분노가 시작된다. 이게 바로 낙담-슬픔-분노로 이어지는 감정의 사슬이다.

일상에서 맞닥뜨릴 수 있는 좌절 앞에서 감정을 무시하고 슬픔을 회피할 때 우리는 아주 쉽게 분노에 휩싸인다. 이런 분노는 자기 자신을 향할 때도 있고 타인을 향할 때도 있다.

985대학(중국공산당이 세계적인 명문대학교로 만들기 위해 선정한 39개 대학교—옮긴이)에 선정된 유명 대학교의 박사 과정에 특차로 들어간 학생이 있었다. 그 학생은 놀라울 정도로 우수한 성적에도 늘 할 줄 아는 게 없다는 좌절감에 빠져 있었다. 내적 소모에서 비롯된 낙담을 효과적으로 처리하지 못한 탓에 과제와 지도 교수에 대한 공포는 자기부정으로 이어졌고 그 뒤 우울증을 처방받아 반년을 휴학하기에 이르렀다.

낙담은 피할 수 있는 감정이 아니다. 런던대학교에서 진행된 연구에 따르면 한 사람이 매일 평균 20여 차례 낙담을 경험한다고 한다. 그러니까 낙담은 일상의 일부다. 이를 억누르거나 무시하려고 하면 순식간에 자기 투쟁이 시작된다.

'정신 차려. 그냥 한 번 실패한 것뿐이야. 대단한 거 아니라고.'

'넓게 생각해. 너보다 성적 안 되는 사람이 수두룩하잖아.'

'가자. 답답하게 우울해하지 말고. 놀이공원에 가서 좀 놀자고.'

일시적으로 회피하거나 재밌는 일에 몰두하면 낙담이 잠시 사라지기는 할 것이다. 하지만 격정적이었던 감정이 옅어지고 현실의 자아와 마주하게 될 때 낙담은 더 강력한 힘을 등에 업고 다시 우리를 찾아온다. 효과적이지 않은 감정 처리 방식은 문제를 해결하는 게 아니라 강화한다.

내적 소모에서 벗어나려면 낙담과 슬픔을 경험하고 이들이 야기하는 불쾌한 감정을 받아들일 수 있어야 한다. 받아들임과 동시에 이들이 전하는 긍정적인 정보를 캐내야 한다. 수치심 등의 불쾌한 감정과 마찬가지로 낙담과 슬픔에도 생리학적·심리학적으로 긍정적 의의가 있다. 많은 심리학자와 생리학자가 이에 관해 수많은 연구를 진행했다.

1991년 심리학자 리처드 라자루스Richard S. Lazarus는 심각한 상실을 경험한 개인이 슬픔을 통해 그 경험을 성찰할 수 있다고 했다. 라자루스와 캐럴 이저드Carroll Izard 등이 독자적으로 진행한 연구에 따르면, 우리는 슬픔을 경험할 때 내면에 집중하게 되며 상황을 순종하고 받아들이게 된다. 이런 잠깐의 멈춤으로 목표와 계획을 평가하고 수정할 수 있다. 이 과정이 인위적으로 사라지면 내적 소모는 더 큰 심신의 상처를 초래한다. 적응이라는 각도에서 볼 때 슬픔은 피하는 게 아니라 경험해야 하는 감정이다.

슬픔의 의의는 이뿐만이 아니다. 호흡 및 명상 지도자인 맥스 스트롬Max Strom에 따르면 사람은 슬픔을 느낄 때 더 많은 시간을 들여 문제를 분석하고 전략을 마련함으로써 더 편하게 문제를 해결하게 된다고 한다. 2005년 신경과학자 저스틴 스토어벡Justin Storbeck과 제럴드 클로어Gerald L. Clore는 피실험자들에게 모차르트와 말러의 음악으로 기쁨과 슬픔의 감정을 환기시켰다. 그 결과 슬플 때 나타나는 기억의 착오가 기쁠 때 나타나는 기억의 착오보다 현저히 적었다. 슬픔이 정확도를 높여주는 것이다.

나 역시 상담 과정에서 낙담과 슬픔이 분노를 처리하는 데도 유용하다는 사실을 깨달았다. 분노는 난데없이 나타나지 않는다. 분노가 나타나기 전 낙담과 이를 뒤따라오는 슬픔을 먼저 거치게 된다.

여덟 살 샤오후小虎는 어렸을 때부터 아주 쉽게 초조해하고 화를 잘 냈다. 이날도 샤오후는 분노를 터뜨렸다. 상황은 아주 단순했다. 학교가 끝나고 집에 가서 냉장고를 열어 보니 초콜릿이 두 조각 있어서 그중 한 조각을 꺼내 먹었는데 저녁이 되어 아빠가 남은 초콜릿을 먹어버렸다는 사실을 알게 된 것이다. 샤오후는 분에 못 이겨 엄청 크게 소리를 질렀다.

샤오후가 느낀 분노의 근원은 사실 낙담이다. 남은 초콜릿을 나중에 먹겠다는 계획이 아빠 때문에 틀어진 것이다. 표현 능력이 부족한 탓에 샤오후는 이 낙담을 소리 지르는 방식으로 드러냈다. 나는 샤오후 같은 아이를 둔 부모에게 일단 감정적으로 아이를 지지해주라고 상담하는 편이다. 아이가 자신이 느낀 낙담과 슬픔을 표현하고 나아가 자신이 원하는 바를 명확하게 표현할 수 있게 도우라고 권한다. 직접적으로 아이의 감정에 개입하는 것보다 훨씬 효과적인 방법이다.

좌절, 공포, 분노 등 불쾌한 감정을 겪을 때 나 자신이 낙담했음을 알고, 그 뒤에 숨어 있는 슬픔을 경험하는 것이 심리적 고통에서 빠져나오는 데 상당히 긍정적인 작용을 하는 경우가 많다. 뒤에서는 낙담과 슬픔의 기술의 구체적인 응용 기법을 제시하겠다.

3장. 나를 단단하게 만드는 여섯 가지 열쇠

- 슬픔의 기능 : 분노를 효과적으로 처리하고 사회적 지지를 이끌어 낸다.
- 낙담의 기능 : 스트레스를 발산하고 극단적인 감정의 간섭으로부터 자신을 보호한다.

무조건 나부터 사랑하기

1938년에 시작한 하버드대학교 그랜트 연구Grant Study는 졸업생 268명의 삶을 70여 년 동안 추적하는 대형 프로젝트였다. 프로젝트의 후임 책임자였던 조지 베일런트George Vaillant는 미국 엘리트들을 대상으로 한 이 연구가 행복의 열쇠를 파헤쳐줄 것이라고 믿었다.

이들은 그야말로 엘리트였다. 1960년대 이들 중 네 명이 상원의원 경선에 나섰고 일부는 대통령 내각에서 일했으며 대통령이 된 사람도 있었다. 하지만 그렇지 않은 경우도 있었다. 일찍이 1948년에는 이들 중 스무 명이 심각한 정신 질환 증세를 보였고 그중 3분의 1이 50세가 되었을 때 베일런트가 언급한 정신병의 표준에 근접해 있었다. 이로 인해 큰 충격을 받은 프로젝트의 초기 연구자 알리 복Ali Bock은 이렇게 말했다. "내가 그들을 선택했을 때 그들은 다 정상이었습니다. 정신과 의사들이 뭘 잘못 본 게 확실해요."

2013년 조지 베일런트는 연구 결과를 발표했다. "75년 동안 2천만 달러를 쏟아 부은 이 연구는 개인의 행복이 출신, 부, 지위, 명예,

외모 등 모든 외재적 조건이 아니라 아주 단순 명확한 능력에 달려 있다는 걸 보여줍니다. 그건 바로 사랑입니다."

피실험자들의 행복과 건강 상태, 수명을 결정지은 비결은 사랑, 즉 의미 있는 인간관계였다. 사랑의 힘을 보여준 것은 이 실험만이 아니다. 인본주의 상담의 창시자로 일컬어지는 심리학자 칼 랜섬 로저스Carl Ransom Rogers는 풍부한 상담 경험을 통해 사랑이 가진 치료의 힘을 일찌감치 발견했고 그가 제기한 무조건적이고 적극적인 관심, 경청, 공감 등의 자질은 상담사가 반드시 갖춰야 할 능력이 됐다.

수용전념치료의 대가인 스티브 헤이스 역시 한 인터뷰에서 자신의 이론을 한마디로 정리해달라는 질문에 이렇게 대답했다. "사랑은 유일무이한 것입니다." 로저스와 마찬가지로 헤이스 역시 사랑을 가장 영향력 있는 힘이라고 봤다.

심리적 측면뿐 아니라 생리적 측면에서도 사랑은 행복의 비결이다. 한 생리학 연구에 따르면, 우리가 타인과 친밀하게 접촉하고 교류할 때, 공감대를 형성하거나 타인을 도와줄 때, 대뇌는 중요한 신경 호르몬인 옥시토신을 분비한다. 앞서 언급한 대로 옥시토신은 천연 소염 작용을 하고 긴장한 혈관을 이완 시켜주며 심장 세포의 재생을 돕고 일어날 수 있는 세포 손실을 막아준다.

실제 수천 명에 이르는 미국인을 대상으로 진행한 5년의 연구에 따르면, 가정의 변고나 경제적 위기 등 큰일을 겪은 사람은 앞으로 1년 안에 사망할 확률이 30퍼센트 증가한다. 하지만 그런 큰일을 겪었더라도 다른 사람을 돕는 일에 시간을 쓰면 사망을 야기하는 스트레스의 영향력이 사라진다. 이것이 바로 사랑이 가진 치료의 힘이고 실험을 통해 오래된 관념, '남을 사랑하는 것이 나를 사랑하는 것이다'를 증명하는 것이다.

하지만 남을 사랑하기란, 특히 무조건적으로 그러기란 결코 쉬운 일이 아니다. 그러려면 일단 자기 자신을 사랑할 수 있어야 한다. 칼 로저스가 《내담자 중심 상담Client-centered Therapy》에서 언급한 것처럼 자신을 사랑하지 않는 사람은 남을 사랑할 수가 없다. 자신을 사랑하는 여정에서 우리는 자기연민self-compassion과 감사, 이 두 가지 능력을 키우게 된다.

자기연민의 힘

나는 세 살에서 여덟 살 아이를 둔 엄마들을 대상으로 한 소그룹 활동에서 그들에게 자신이 최근 아이와 함께하면서 가장 후회스러웠던 일 한 가지를 돌이켜보고 그 느낌을 말로 묘사해보라고 했다.

엄마들은 대부분 이런 표현을 썼다. "어쩜 이렇게 바보 같을까요." "너무 어리석어요. 자제력이 전혀 없어요." "저한테 무슨 병이 있나 봐요. 어쩜 일을 이렇게 처리할까요." "전 좋은 엄마가 아니에요." "저 자신이 미워요. 그렇게 하면 안 된다는 거 잘 알면서도 그렇게 했으니까요."

이렇게 자책하는 발언은 엄마들이 자신에게 잔인하게 군다는 사실을 보여준다. 이런 엄마들이 아이를 무조건 사랑할 수 있으려면 방법은 오직 하나뿐이다. 무조건 자신을 사랑하고 자신에게 관심을 쏟는 법을 배우는 것이다.

있는 그대로의 자신을 받아들이고 존중하고 사랑하는 자기연민의 독특한 가치는 여러 연구를 통해 계속 드러나고 있다.

2000년 심리학자 폴 길버트Paul Gilbert와 제러미 마일스Jeremy Miles는 자기연민이 더 많은 세로토닌을 분비하는 데 효과적이라는 것을 밝혀냈다. 자기연민은 신뢰감, 평정심, 안전감, 관대함 그리고 연결된 느낌을 강화해준다. 반대로 자책은 더 많은 코르티솔을 분비시킨다. 코르티솔이 오랫동안 높은 수준을 유지하면 기쁨을 표현하는 신경전달물질의 수량이 줄어들고 우울증이 유발된다.

2012년 앵거스 맥베스Angus Macbeth와 앤드루 검리Andrew Gumley는 연구를 통해 자기연민이 우울, 초조, 스트레스 등에 모두 긍정적인 영향을 끼쳤다는 점을 밝혀냈다. 크리스토퍼 거머Christopher K. Germer와 크리스틴 네프Kristin D. Neff는 2013년 연구에서 높은 수준의 자기연민은 초조, 수치심, 죄책감 등 불쾌한 느낌을 줄여주고 비통함, 분노, 친근감 등을 드러내고 싶은 마음을 증가시킨다고 지적했다.

2015년 심리학자 에이즐 호파트Asle Hoffart 등이 발표한 연구에 따르면, 자기연민은 PTSD 환자의 자기 심판과 고독감 그리고 심각할 정도로 부정적인 자아정체감self-identity을 줄여준다. 이처럼 자기연민은 생리적·심리적 역량을 효과적으로 활성화하고 스트레스, 우울, 초조, PTSD 등 다양한 심리적 고통에서 빠져나올 수 있도록 도와준다.

하지만 자기연민 때문에 앞으로 나아갈 동력을 잃고 게으름을 피우게 되는 건 아닌지 의문을 갖는 사람이 많다. 만일 어떤 사람이 잘못을 저질렀다면 대부분의 사람이 그를 비판하고 질책할 것이고 그렇게 해야 그 사람이 변할 것이라 생각할 것이다. 하지만 반대로 그에게 연민을 보인다면 어떨까?

사회심리학자 줄리아나 브레인Juliana Breines 박사는 네 개의 실험을 통해 자기연민의 가치를 검증했다. 브레인은 두 개의 실험에서 피실험자들에게 자신의 가장 큰 약점이나 단점을 생각해보라고 했고 세 번째 실험에서는 최근에 잘못을 저질러 죄책감을 느꼈던 일 한 가지를 돌이켜보라고 했으며 네 번째 실험에서는 몹시 어려운 문제를 한 세트 풀어보게 했다. 실험의 목적은 피실험자에게 낙담과 죽을힘을 다해 몸부림칠 때의 느낌을 환기하는 것이었다. 실험 결과에 따르면 자기연민을 연습한 피실험자들은 자신의 단점과 잘못, 실패로부터 배우려는 마음이 훨씬 강했고 스스로 변화할 수 있다고 믿었다.

따라서 앞으로 나아가고 싶거나 스스로에게 발전의 동력을 부여하고 싶을 때는 자책이나 수치심이 아니라 자기연민을 발휘하는 것이 좋다. 자기연민은 도전에 직면할 수 있는 힘을 준다.

자기 평가가 만연한 현대 사회에선 심리적 탄력성이 떨어지면 자책, 수치심, 회한, 죄책감 등의 감정이 아주 쉽게 우리를 휘감아버릴 수 있다. 여기에서 벗어나 전진하는 힘을 가지려면 자기연민이라는 열쇠를 배우고 사용할 줄 알아야 한다.

샤오웨이小煒는 부모님의 갑작스러운 이혼으로 자신이 남보다 못하다는 생각이 들 때마다 자신에게 이런 말들을 해줬다.

"알아, 부모님 이혼으로 받은 충격이 크다는 거. 더는 사랑받지 못할 거라고, 남보다 못한 존재라고 느껴지겠지. 앞은 캄캄하기만 하고 믿을 만한 사랑과 가정이 있긴 한지 의심스러울 거야. 아주 정상적인 감정이야. 누구라도 이런 충격을 받으면 나처럼 불쾌한 감정을 느낄 거야."

"이런 충격은 참기 힘든 고통을 주지. 하지만 나 자신을 어떻게 대해야 할지는 내가 결정할 수 있어. 고통을 받아들이는 동시에 나에게 잘해줄 수도 있다고. 자기비하를 멈추고 '나는 사랑받을 가치가 있는 존재야. 나는 내가 원하는 삶을 살 수 있어. 내 삶은 다른 사람이 아닌 내가 정의하는 거야'라고 명확하게 말해줄 수 있어."

• 자기비하에 대응하는 자기연민의 기술

1. 지금 이 순간으로 돌아오기 : 편안한 자세를 찾는다. 서든 앉든 눕든 다 괜찮다. 호흡에 주의를 기울이면서 들숨과 날숨에 집중한다. 지금 이 순간 이곳에 주의를 집중한다.

2. 공감 : 눈을 감고 제일 친한 친구가 이 모든 일을 겪어 같은 고통에 빠져 있다고, 그 친구에게 따스한 온기를 전해주고 싶다고 상상해보자. 무슨 말을 해주면 좋을지 생각해보자.

3. 기록과 표현 : 하고 싶은 말을 종이에 적어 큰 소리로 자신에게 읽어준다. 아니면 녹음해서 들어본다.

4. 환기 : 가능하다면 이 종이나 녹음 파일을 휴대하고 다니면서 수치심, 자책, 자아 부정 등의 목소리가 느껴질 때 큰 소리로 읽거나 들어본다.

감사한 마음 갖기의 마력

감사에는 인생을 변화시키는 마력이 있다. 불쌍하고 원망스러운 상황에서도 다시금 행복을 경험하게 해준다. 《로빈슨 크루소》의 주인공이 무인도를 떠돌면서 이어지는 삶의 변화가 이 점을 생생하게 보여준다. 맨 처음 로빈슨 크루소는 그저 살기 위해 발버둥친다. 이 시기는 육체적 피로로 특징지어진다. 생존 문제가 차차 해결되자 두 번째 단계로 정신적 고통이 시작된다. 고독, 외로움, 서러움, 불만 등의 감정이 뒤를 잇는다. 로빈스 크루소는 신이 내린 잔혹한 결정을 원망하다가 정신적 고통에 시달린다. 어느 날 그는 돌연 생각을 바꾸고 살아 있음에 감사하고 자신이 가진 모든 것에 감사하기 시작한다. 그러자 섬에서의 삶이 완전히 달라진다. 행복과 만족으로 충만한 세 번째 단계로 들어간다.

단지 소설 속 이야기가 아니다. 심리학 분야의 수많은 연구와 상담을 통해 검증된 결과 역시 그렇다. 위팅颎婷은 엄마와의 관계 때문에 내게 도움을 청하러 왔다. 다음은 위팅과 내가 나눈 상담 대화다.

위팅 : 직장생활을 시작한 지금도 여전히 엄마와 있으면 상당한 긴장감이 맴돌아요. 어렸을 때 엄마가 말로 준 상처를 잊을 수가 없거든요. 하지만 그 이야기를 꺼내면 엄마는 저한테 양심이 없다고 해요. 잘해준 건 하나도 생각하지 않는다면서요.

나 : 네. 어렸을 때 어머니가 한 어떤 행동들을 잊지 못하는군요. 그 행동이 본인에게 상처를 줬다고 생각하는데 어머니는 그 이야기를 하고 싶은 마음이 전혀 없는 거고요.

위팅 : 네. 하지만 전 지금도 엄마만 보면 서러워서 어떻게 그럴 수 있었느냐는 말이 쉽게 나와요. 그러면 엄마는 또 제가 원망만 한다고, 사리판단을 못 한다고 하고 그러다가 둘이 불쾌한 기

분으로 헤어지게 되는 거죠.

나 : 그렇군요. 위팅 씨는 스스로를 통제할 수 없는 거군요. 어린 시절의 일 때문에 어떤 문턱을 넘어가지 못하네요. 그런 감정을 어떻게 처리해야 하는지 모르는 거고요.

위팅 : 네. 갈등 상대가 엄마라는 걸 저도 알아요. 지금 몸도 안 좋으셔서 저도 저 자신을 좀 바꾸고 싶은데 방법이 없네요.

나 : 정말 고민이 크겠어요. 무기력하기도 할 거고요. 우리의 반응은 이성이 아니라 감정의 지배에서 더 많이 비롯됩니다. 그래서 변한다는 게 참 어려운 겁니다. 과거의 부정적인 기억에서 벗어나려면 효과적인 방법을 연습해야 하는데 감사하기 방법을 시도해보겠어요?

위팅 : 감사요? 엄마가 저한테 준 상처에 감사하라는 건가요? 그건 못해요!

나 : 음, 할 수 없는 일을 하라고 할까 봐 걱정하는 거죠? 어떤 점을 걱정하는지 이해합니다. 설명을 좀 해볼게요. 감사 연습은 내가 느끼는 감정을 부인하거나 무시하거나 억압하는 게 아니라 받아들이는 데 바탕을 두고 있습니다.

위팅 : 좋아요. 일단 해볼게요.

감사 연습의 핵심은 고통을 받아들이는 동시에 과거에 늘 내가 무시해왔던 행복이라는 일면을 능동적으로 환기하고 이 부분에 관심을 기울이는 데 있다. 감사하는 태도로 과거의 행복했던 일들을 되새기는 것이다.

몇 주의 연습을 거친 뒤 위팅은 모녀 관계의 변화를 감지했다. "요즘은 엄마와 같이 있을 때 마음이 훨씬 따뜻해요. 그저께 엄마랑 수다를 떠는데 엄마가 별안간 제가 어렸을 때 한 일을 이야기하면서 그때 본인이 잘못했다고 하더라고요. 세상에 도대체 무슨 일이 일어난 건지 저도 모르겠어요."

감사는 나로 하여금 피해 의식에서 벗어나 적극적으로 행동하게 하고 동시에 주변 사람들의 삶도 바꿔놓는다. 내가 공격성과 적의를 누그러뜨리며 방어 심리를 해제할 때 타인도 똑같이 변한다. 사랑이라는 감정 속에서 우리는 더 쉽게 각자를 책임지게 된다.

감사의 가치는 최근 들어 끊임없이 밝혀지고 있다. 심리학자 로버트 에먼스Robert A. Emmons가 진행한 몇 가지 연구에 따르면, 감사가 행복을 강화하는 데 효과적으로 작용하며 우울을 덜어준다고 한다. 2012년 켄터키대학교에서 발표한 연구에서는 감사가 동정심을 불러일으키고 자기 자신에 대한 공격과 타인에 대한 공격을 누그러뜨리는데, 우호적이지 않은 대우를 받았을 때도 마찬가지라고 한다. 이외에도 감사가 수면의 질을 개선하고 더 좋은 인간관계를 맺게 해주며 인내심을 갖고 도전에 응하게 하고 초조감과 불같은 성격을 누그러뜨리게 해주며 심지어 식욕을 통제하는 데도 도움이 된다는 연구 결과가 있다. 심리학자 필립 왓킨스Philip C. Watkins 역시 2003년 연구에서 감사하는 마음과 내면의 통제력은 정비례 관계라고 지적했다. 원하기만 하면 감사하는 마음을 통해 더 아름다운 삶을 추구할 수 있다.

캘리포니아주립대학교 연구진은 10~14세 사이의 학생 700명을 선택해 이들의 감사하는 마음을 평가한 뒤, 4년에 이르는 추적조사를 진행했다. 그 결과 부모의 양육과 선생님의 가르침에 감사하는 아이가 생활에 훨씬 더 만족하고 정신적으로도 더 행복했으며 태도 면에서도 신중하고 모범적이어서 흡연과 음주 등에 물든 경우가 훨씬 적은 것으로 나타났다. 미국심리학협회The American Psychological Association 연례회의에서 발표된 이 연구는 감사하는 마음을 가진 청소년이 그렇지 않은 청소년보다 부정적인 정서는 13퍼센트 적고 의지력 결핍 등이 발생할 확률은 15퍼센트 낮으며 규칙 위반 행위를 할 확률 역시 9퍼센트 낮은 것으로 나타났다. 그런가 하면 미래에 대한 긍정적인 기대심은 17퍼센트, 생활에 대한 목표 의식은 15퍼센트 더 높은 것으로 나타났다. 주목할 만한 사실은 어린 시절 성장 과정에서 감사하는 마음이 적었더라도 가정과 학교에서 의식적으로 이를 키워주면 충분히 메워질 수 있다는 것이다.

• 감사의 기능 : 슬픔, 분노, 공포, 수치심, 자책에서 벗어나도록 이끌어주고 초조, 우울 등으로부터 멀어져 행복을 느끼게 해준다.

마음의 휴식 실천하기

이제 나를 단단하게 만들어주는 네 번째 열쇠, 이완에 대해 알아보자. 이완은 감정의 뇌를 수용하고 너무 과하지 않게 눌러줌으로써 이성의 뇌가 다시 작동하게 해준다.

이완은 사람이 가진 자연스러운 능력으로 원래 아무런 간섭을 받지 않으면 바로 이완 상태에 이를 수 있다. 몸과 마음이 피로할 때 휴식을 통해 체력을 회복하고 정신을 가다듬는 것과 같은 맥락이다. 하지만 시끌벅적한 자극 속에서 진정한 이완에 이르는 것이 점점 더 어려워지고 있는 시대에 이완은 자연스러운 능력에서 학습해야 하는 기술로 변하고 있다. 깊은 우울증과 불면증을 앓는 내담자들은 시시각각 대뇌에서 시끄럽게 울리는 자아 심판, 질책 등의 목소리와 마주하고 그에 사로잡힘으로써 이완 능력을 상실한다. 자해를 하는 사람은 자해 행위가 평온과 잠깐의 이완 상태에 이를 수 있는 유일한 기회라고 생각한다.

샤오메이小美가 도움을 청한 이유는 불면증 때문이었다. "이유를 모르겠어요. 머릿속에서 무수한 목소리가 들려와요. 밤이 되면 잠을 이룰 수 없고 아침에 일어난 뒤에도 몽롱해요. 뭘 해도 말끔하지가 않고요. 다른 사람이 하는 말도 반나절은 지나야 무슨 뜻인지 반응하게 돼요." 샤오메이는 불면증 때문에 나를 찾아왔지만 겉으로 나타나는 온갖 낌새는 샤오메이가 타고난 이완 능력을 상실했음을 보여줬다.

나는 이렇게 말했다. "정말 어려운 일이죠. 시시각각 너무 많은 잡음이 들려오고 머리는 몽롱하고 반응은 느려지니까요. 수많은 잡음 속에서 평정을 찾을 수 있나요?"

"잡음 속에서 평정을 찾다니 이해가 안 가는데요."

"대뇌의 잡음과 환경의 소음을 뚫고 그 뒤에 있는 평안하고 고요한 느낌을 찾아가느냐는 겁니다."

"그걸 어떻게 찾는지 모르겠어요. 못 찾겠어요."

"자, 제 지시에 따라서 움직여보세요." 나는 샤오메이가 이완할 수 있게 도왔다.

"천천히 눈을 감고 호흡에 집중해보세요. 숨결이 콧구멍을 통해 서서히 몸으로 들어오고 들어온 숨결로 배가 살짝 부풀어 오르는 과정에 집중해보세요. 그다음 입을 통해 서서히 숨을 내뱉으세요. 느려지고 길어지는 호흡의 리듬에 주의하고 날숨을 내뱉을 때 숨이 흐르는 소리에 주의하세요. 날숨에 따라 서서히 꺼지는 배의 움직임도 느껴보고요."

몇 분 뒤 샤오메이가 눈을 떴다. "세상에, 머릿속 잡음이 확 줄었어요. 눈도 훨씬 더 또렷해졌고요. 정말 느낌이 좋네요."

이것이 바로 이완이 가져다주는 대뇌의 평온이다. 이완됐다고 해서 지금 겪고 있는 부정적인 감정이 바로 긍정적인 감정으로 바뀌지는 않지만 이성의 뇌가 다시 작동할 기회를 줄 수는 있다. 그렇게 부정적인 감정을 줄이고 감정의 뇌로부터 해방될 수 있는 것이다. 어째서 호흡을 가다듬는 것만으로 이완될 수 있을까? 일단 몸의 시스템을 이해할 필요가 있다.

생리적 반응에서 보면 몸은 투쟁-도주fight or flight와 소화-휴식digest and rest이라는 두 가지 패턴으로 돌아간다. 투쟁-도주 아래에서는 교감신경 계통이 고도로 활기를 띠면서 안과 밖에서 맞닥뜨릴 수 있는 도전에 대응하기 위해 코르티솔 등 스트레스 호르몬이 빠른 속도로 분비되고 혈류가 급속히 빨라지며 호흡이 가빠진다. 혈액이 빠른 속도로 근육 쪽으로 모여든다. 이와 더불어 대뇌는 자동으로 이성의 뇌가 주도권을 잡고 시야가 좁아지기 시작하며 시시각각 환경이나 내면에서 위협으로 느끼는 정보에 집중해 언제든 전투를 벌일 수 있는 준비를 하게 된다. 이런 패턴 아래에서 심신의 자원은 빠른 속도로 소모된다.

이런 위기 대응 패턴은 우리가 외부의 도전이나 위협에 잘 대응할 수 있게 해준다. 그렇지만 이런 도전이 내면에서 비롯되면 장시간 고도의 긴장 상태에 빠져 이완하기 힘든 상태가 된다. 대부분의 불면증이 여기서 비롯된다. 체내 코르티솔 함량이 계속해서 높은 수준을 유지하면 우선 대뇌가 손상된다. 대뇌의 크기와 기능, 구조에 영향을 끼친다. 이를테면 더 쉽게 공포와 초조감을 느끼고 학습, 기억, 스트레스 조절 능력이 떨어지기 시작한다. 주의, 판단, 결정 그리고 사교 능력도 저하된다. 이외에도 더 쉽게 우울증, 알츠하이머 등의 문제를 겪게 된다.

투쟁-도주 패턴에 상응하는 것이 소화-휴식 패턴이다. 이 상태에서는 부교감신경 계통이 고도로 활성화되고 심박수가 떨어지며 혈관이 이완되고 방어 심리가 누그러지며 신체가 이완과 회복, 에너지 보충 상태에 머물게 된다. 이때 학습 능력이 아주 강해지고 업무 효율도 훌쩍 올라가며 생각도 더 또렷해지면서 확 트이게 된다.

최근 영상학 연구에서는 장기간 명상 연습으로도 대뇌 구조에 긍정적인 변화가 생긴 것을 발견했다. 매사추세츠 종합병원의 사라 라자르Sara Lazar 박사는 8주간 마음챙김mindfulness 명상에 참여한 이들의 대뇌 활동에 현저하고도 긍정적인 변화가 일어난 것을 확인했다. 학습과 기억을 담당하는 해마 부위의 회색질 밀도와 자의식, 동정심, 반성과 관련된 부위의 회색질 밀도가 증가했다. 참가자들이 밝힌 스트레스 저하와 편도체의 회색질의 밀도 하락은 정비례 관계를 보였는데 이 부위는 초조감과 스트레스에 중요하게 작용하는 부위다.

신경과학자 리처드 데이비슨Richard J. Davidson은 명상이 교감신경 계통의 진정, 혈압 저하, 면역 반응 강화 등 긍정적인 생리 반응을 불러일으킨다는 사실을 발견했다. 또한 명상을 지속적으로 하는 사람이 화를 덜 내고 동정심이 강하며 자신이 행복하다고 생각했다. 명상 과정에서 피실험자들은 보편적으로 머릿속에서 끝없이 반복되던 고통스러운 생각이 사라졌다고 보고했다.

결론적으로 이완은 고통을 처리하는 매우 간결한 방법 중 하나다. 우리가 의식적으로 자율신경계통을 통제할 수는 없지만 복식 호흡처럼 호흡을 가다듬는 방식으로 부교감신경을 효과적으로 활성화시켜 평온해질 수 있다. 호흡 조절과 명상 외에 근육 이완, 요가 역시 지금 이 순간에 집중함으로써 과거 회상이나 미래에 대한 초조감에서 벗어날 수 있는 방법이다.

그러나 이완을 일종의 정신적 사치처럼 여기는 이들이 많다. 지금 이 순간에 집중하는 게 거의 불가능한 사람들이 많아져버린 탓이다. 예를 들어 아이와 놀아주고 있는 한 아버지가 머릿속으로 업무를 떠올리고 있다면 지금 이 순간에 있지 않은 것이다. 대화 중인 부부가 상대의 말에 경청하는 대신 어떻게 대답해야 할지 아니면 어떻게 화제를 주도해야 할지 생각하고 있다면, 그들 역시 지금 이 순간에 있지 않은 것이다. 회의 중에 건의 사항을 발표한 직원이 머릿속으로 '만일 사람들이 비웃으면 어떡하지? 사장이 내 건의 사항을 싫어하면 어떡하지?' 하고 스치듯 생각했다면 그도 지금 이 순간에서 멀어져 있는 것이다.

이완이라는 열쇠를 더 잘 활용하기 위해서는 또 다른 본능의 힘, 바로 호기심의 힘을 빌려야 한다. 인간의 가장 기본 욕구인 호기심은 감정 관리에 어마어마한 영향력을 발휘한다. 호기심에는 모든 정서적 곤경에서 우리를 끌어낼 힘이 있다.

최근의 뇌과학 연구에서는 대뇌 영상을 활용해 호기심을 느낀 두뇌가 어떻게 반응하는지 연구한 결과 대뇌의 두 부위가 명확한 변화를 보이는 것으로 나타났다. 우선 학습, 기억과 관련된 뇌 조직인 해마체의 활동이 증가했다. 그리고 학습 과정을 훨씬 더 즐겁게 만들어주는 신경회로가 활성화됐다.

행동과학자 에번 폴만Evan Polman 박사는 호기심이 행동 결정에 어떤 영향을 끼치는지 연구했다. 이 연구에 따르면 피실험자들은 호기심이 생길 때 건강에 훨씬 더 유리한 선택을 했다. 이를테면 운동을 더 하거나 녹색 채소를 더 많이 먹는 등의 선택을 하게 되는 것이다.

어떤 내담자들에게는 평온에 이르는 길이 결코 쉽지 않다. 호흡을 가다듬거나 명상을 할 때 많은 사람이 잡생각을 지우지 못한다. 이때는 연습을 멈추고 호기심의 힘을 빌려 내 안에서 지금 무슨 일이 벌어지고 있는지 관찰해보면 된다. 무슨 일이지? 내 몸이 어떻게 느끼고 있지? 이 느낌은 어디서 비롯됐을까? 얼마나 오래 이어졌을까? 이 느낌이 내게 전해주려는 정보가 무엇일까? 등등 말이다.

단순한 호기심 속에서 우리는 과거의 상처와 미래에 대한 초조감에서 벗어나 자연스럽게 지금 이 순간으로 돌아올 수 있다. 그러면 평정도 함께 찾아온다.

- 이완과 호기심의 기능 : 분노, 슬픔, 공포, 초조감 등 거의 모든 불쾌감을 효과적으로 관리해주고 생각에서 비롯된 거의 모든 곤경을 효과적으로 관리해준다.

성장과 수확의 관점으로 바라보기

기자가 전구를 발명한 에디슨에게 5천 번에 이르는 실패에도 포기하지 않았던 이유를 물었다. 이유는 간단했다. 에디슨은 이를 실패가 아니라 과정이라 봤기 때문이다. 이게 바로 집중력의 힘이다. 유연한 집중력의 관점으로 보면 어떤 경험이든 상실과 수확이라는 양면이 존재한다. 우리가 무엇에 집중하느냐에 따라 삶은 변화한다. 실패에 주목한 기자와 다르게 성장에 주목한 에디슨은 자신이 점점 목표에 가까이 다가가고 있다는 수확과 희망을 느꼈다.

토리노대학교 의학원의 생리학 및 신경과학부 파브리지오 베네데티Fabrizio Benedetti 교수는 수확이라는 관점의 중요성을 증명한다. 그는 동료와 함께 흉강 수술을 받은 환자들을 대상으로 수술 이후에 나타나는 통증을 연구했다. 환자들은 수술 한 시간 뒤 마취 효과가 떨어지자 극심한 통증을 느꼈고, 의사는 환자들에게 진통제인 황산 모르핀을 주사했다. 이때 베네데티 교수와 동료들은 환자를 두 그룹을 나눴다. 한 그룹은 의사가 침상 옆에서 주사를 놨고, 다른 그룹은 미리 설치해둔 자동 기계로 진통제를 주사했다. 주사된 약물의 양은 동일했다.

그 결과 환자들은 전혀 다른 느낌을 받은 것으로 나타났다. 의사가 진통제를 주사하는 모습을 본 그룹은 통증이 빠르게 줄어들었지만, 진통제가 주사되고 있다는 사실을 몰랐던 환자들의 통증 감소 속도는 느렸다. 불안증 환자, 고혈압 환자, 파킨슨병 환자를 대상으로 한 유사 연구에서도 같은 결과가 나왔다. 결실에 주의하느냐 하지 않느냐가 통증의 정도를 결정짓는 것이다.

스탠퍼드대학교 앨리아 크럼Alia Crum 박사와 엘렌 랭어 교수는 서로 다른 일곱 개의 호텔에서 일하는 여성 청소부 84명을 대상으로 또 다른 연구를 진행했다. 이 청소부들에게는 공통적인 특징이 하나 있었다. 매일 신체 단련을 하느냐는 질문에 모두 '아니요'라고 대답한 것이었다. 사실 매일 호텔 방을 청소하는 본인들의 일이 바로 최고의 운동이었는데 말이다.

크럼 박사는 일단 청소부들의 체중, 혈압, 체지방률, 업무 만족도를 측정한 뒤 이들을 두 그룹으로 나눴다. 첫 번째 그룹에게는 이 수치들을 보여주면서 본인들이 하는 일이 아주 좋은 운동이라고 설명했다. 그러나 두 번째 그룹에는 어떤 개입도 하지 않았다. 4주 뒤, 첫 번째 그룹은 체중이 줄고 혈압이 내려갔으며 체지방률이 떨어졌다. 업무 만족도도 훨씬 높아졌다. 하지만 두 번째 그룹은 변화가 거의 없었다.

마인드세트 연구의 선구자인 스탠퍼드대학교 캐럴 드웩Carol S. Dweck 교수는 몇십 년 동안 연구를 통해 인간에게 성장 마인드세트과 고정 마인드세트이 존재한다는 사실을 발견했다. 이 두 가지 마인드세트은 서로 전환될 수 있지만 전혀 다른 영향을 끼친다.

고정 마인드세트을 가진 사람은 인품, 지력, 타고난 자질, 능력 등 모든 것이 고정적이며 변할 수 없다고 믿는다. 때문에 일상에서 변화가 감지되면 쉽게 공포를 느낀다. '내가 똑똑해 보일까?' '실수 때문에 다른 사람들이 실망하지 않을까?' '남들의 기대에 못 미치는 건 아닐까?' 이런 공포 속에서 점차 도전과 실패 그리고 모든 불확실한 것들을 멀리하게 된다. 하지만 삶은 본래 도전과 실패, 불확실성으로 가득하기 때문에 아주 쉽게 내적 소모를 겪게 된다.

성장 마인드세트을 가진 사람은 인품, 지력, 타고난 자질, 능력 등 모든 걸 배양하고 발전시킬 수 있다고 믿는다. 삶에서 도전을 마주할 때 이를 위협으로 받아들이지 않고 흔치 않은 성장과 발전의 기회로 인식한다. 실패를 겪어도 성장의 일부라고 믿기 때문에 그 안에서도 무언가를 배우고 따라서 다음번에 더 좋은 모습을 보이게 된다. 캐럴 드웩 교수는 수십 년 동안 진행한 연구 결과를 다음과 같이 정리했다. 성장 마인드세트과 고정 마인드세트은 상호 보완될 수 있으며 성장 마인드세트을 가진 사람이 연령이나 지위의 변화로 인해 고정 마인드세트을 갖게 될 수도 있다고 말이다. 그러나 개인의 발전과 성공의 관건은 성장 마인드세트에 있다고 했다.

사랑, 호기심, 이완과 마찬가지로 성장과 수확은 파충류의 뇌가 지배하는 인간의 기본 욕구에 기반을 둔다. 욕구에 집중하고 욕구를 만족시키는 것은 지금 이 순간의 감정에 직접적인 영향을 끼치고 감정을 변화시킨다.

• 성장과 수확의 관점의 기능 : 개인의 행동 수준을 발전시키고 실패, 상실, 막막함, 무기력 등 불쾌한 감정을 효과적으로 관리해준다.

받아들임, 그러나 내 중심 잃지 않기

슬픔에 빠진 내담자를 앞에 두고 상담하다 보면, 슬픔의 이유를 무의식적으로 부인하는 사람이 많다는 걸 알게 된다.

"도저히 믿을 수가 없어요."

"그 사람이 떠나지 않은 것만 같아요. 어느 날 갑자기 돌아올 것만 같아요."

"이 모든 걸 받아들일 수 없어요. 이건 사실이 아니에요."

진실 앞에서 눈을 가리거나 일부러 보고도 못 본 척하면 상실 그리고 상실이 야기한 공포와 슬픔을 효과적으로 처리할 수 없다. 이렇게 부인만 하면 결과적으로 더 오래 슬픔과 고통을 겪게 된다.

심각한 불안에 시달리는 사람도 마찬가지다. 그들은 불안을 유발하는 상황을 피하려고 노력한다. 한 고등학생이 내게 말했다. "학교에만 가면 몸이 불편해요. 곧 무너져버릴 것만 같아요. 1년 휴학하고 싶은데 엄마가 반대하니 미칠 지경이에요."

또 다른 고등학생도 이렇게 말했다. "대입 시험이 코앞인데 이런저런 딴 생각에 자주 빠져요. 주의가 흐트러져요. 머릿속에 떠오르는 생각을 죽을힘을 다해 지워보려 하는데 효과가 없네요. 어떤 때는 두

세 시간은 지나야 벗어날 수 있어요. 심할 때는 엉망진창이 된 기분으로 온종일 발이 묶여 있어요.”

이 내담자들은 본인이 두려워하는 상황을 통제하는 방식을 택했다. 안타깝게도 통제를 통해 마음의 건강을 회복한 내담자는 드물다. 사랑의 상처를 잊기 위해 폭음과 폭식에 빠졌다면 얼마 못 가 불어난 체중으로 인한 상처까지 받게 될 것이다. 또래에게 따돌림을 당해 휴학했다면 휴학으로는 고통이 사라지지 않는다는 사실과 함께 지지해주던 친구들마저 잃기 시작했다는 사실을 알게 될 것이다. 나아가 학업 진도를 따라가지 못해 미래에 대한 두려움까지 들 것이다.

거의 모든 사례에서 이런 사실이 발견된다. 부인, 도피, 억압, 무시 등 억지로 통제하는 해결 방안이 순식간에 그 자체로 새로운 문제가 되어버린다는 사실 말이다.

받아들인다는 것은 무엇인가

받아들이기에 대해 이야기하면 정말 많은 사람이 곤혹스러워한다. 받아들인다는 게 결국 좌절을 받아들이고 모든 걸 하늘에 맡기라는 건지, 이런 소극적인 세계관이 자신에게 도움이 되는 건지 의심한다. 이것이 받아들이기를 둘러싼 가장 큰 오해다. 받아들이기는 수동적인 수용이 아니다. 그와는 정반대로 능동적인 과정이다. 어떤 일이 발생했는지 명확히 감지하되 판단은 내리지 않는 것이다. 받아들이기란 쉽게 말해 '보았노라 알았노라 느꼈노라'인 것이다.

받아들이기에 관한 지침은 아주 다양하다. 그중 가장 핵심은 분석, 평가, 예측, 가정, 부연 등 복잡한 생각의 과정을 포기하고, 자기감정과 욕구를 억압하고 통제하려 하지 않고, 행동을 선택하는 데 고민하고 망설이지 않고, 그저 단순히 어떤 일이 일어났는지 느끼는 것이다. 설명이 좀 추상적이라면 아래의 간단한 방법을 시도해보자.

불쾌한 감정이 느껴질 때 우리는 속으로 '가만있으면 안 돼. 얼른 도망쳐야 해' 하며 그 상황을 도피하거나 싸우려고 한다. 이제 방법을 바꿔보자. 불쾌한 감정이 느껴지거나 불쾌한 생각이 떠오를 때 숨을 깊이 들이쉬고 눈을 감은 다음 천천히 숨을 내쉬어보자. 이를 반복한다. 복식 호흡이나 단순한 심호흡 모두 좋다. 그다음에 어떤 느낌이 드는지 살펴보자. 이를테면 근육이 긴장했는지 심장이 쿵쿵 뛰는지 아니면 '쇼핑하고 싶어' '술 마시고 싶어' 같은 생각이 드는지 살펴보는 것이다. 평가하거나 판단하려 하지 말고 통제하거나 피하려 하지 말고 그냥 관찰하는 거다. 말로 직접 "떠오르는 생각이 하나 있는데 쇼핑하고 싶다" 하고 표현해도 좋다.

그 과정에서 자연스럽게 용솟음쳐 오르는 생각이 하나 있을 것이다. '그 다음은 뭐지? 이제 뭘 해야 하는 거야?' 이때 선택의 기회가 다시 등장한다. '난 어떤 삶을 살고 싶은 걸까?' 이런 선택의 과정에서 우리는 감정에 휘둘리지 않고 제대로 삶을 지휘하게 된다.

의미 있는 삶을 추구하면 달라지는 것들

매슬로가 정립한 인간의 5단계 욕구는 가장 기본적인 개인의 생존과 행복의 욕구에서 시작해 점차 사람들로부터의 인정, 개인의 가치, 타인과 사회의 행복을 추구하는 욕구로 올라간다.

자기감정에 집중하는 데서 벗어나 의미 있는 삶을 추구하게 되면 건강에 득이 될 뿐 아니라 대뇌의 인지와 실행 기능, 기억력, 수명, 심지어는 유전자에도 이로운 일이 일어난다고 많은 연구 결과가 입증한다. 하지만 곤경에 빠진 상태에서 정확한 가치관으로 나아가기란 결코 쉽지 않다. 감정의 뇌가 몸을 통제하면 단기적 이익을 선택하는 경향이 강해진다. 가령 즉각적인 자극과 향락을 쫓거나 마음이 편해지는 게 목표가 되는 것이다. 이때 가장 큰 문제는 자신의 가치관에서 멀어진다는 점이다.

감정의 뇌가 지배하는 우울한 상태에서는 이성의 뇌의 명령에 따라 행동하기가 무척 어렵다. 엉망진창이 된 기분에 따라 운동 같은 좋은 행동은 멀리하고 방 안에 틀어박혀 있기 쉽다. 이는 또다시 자책과 수치심을 강화시킨다.

감정의 뇌에 빠져 불편한 기분을 느껴도 명확하게 내 가치관에 따라 행동하는 것, 이것이 내 인생의 주인이 되는 최고의 방법이다.

시간관을 조정하여 현재에 집중하기

받아들이고 앞으로 나아간다는 면에서, 필립 짐바르도Philip Zimbardo 교수가 처음으로 창안한 시간관time perspective 조정은 상당히 괜찮은 응용 도구다.

상담을 하다 보면 지금 이 순간에 머문다는 개념을 어려워하는 내담자들을 흔히 본다. 이들은 슬픈 과거에 침잠해 있거나 앞으로 찾아올 위험을 생각하며 오랜 시간 초조해한다. 이때 어떤 시간관을 갖느냐에 따라 대뇌가 겪는 고통을 덜 수 있다.

짐바르도 교수는 시간관을 과거 부정past-negative, 과거 긍정pastpositive, 현재 숙명present-fatalistic, 현재 쾌락present-hedonistic, 미래 지향future, 초월적 미래 지향transcendental-future 이 여섯 가지로 나눴다. 그리고 몇십 년에 걸친 연구를 통해 가장 뛰어난 시간관은 과거 긍정과 현재 쾌락 그리고 미래 지향 시간관이라는 사실을 발견했다.

이 이론의 효과는 먼저 미국 퇴역 군인들의 PTSD 치료에서 입증 됐다. 이들을 대상으로 3년 반 동안 이어진 개입 연구에서 수십 년 동 안 힘든 상태에 빠져 있던 환자의 87퍼센트가 새로운 시간관을 받아 들인 뒤 증상이 경감됐고 모든 환자의 우울증이 호전됐다.

시간관 조정의 첫 단계는 자기 인식이다. 자기 삶을 관찰해본다. 예를 들면 내 생각과 일상은 어느 시간대에 머물러 있을까? 과거, 현재, 아니면 미래? 나는 서로 다른 시간대를 어떻게 느낄까? 긍정적으로? 부정적으로? 관찰하면서 자신의 시간관을 구분해보자. 자기 인식을 어려워하는 사람도 있다. 이때는 생각 관찰, 호흡 조절 등의 방법을 함께 사용해볼 수 있다.

과거	현재	미래
긍정적 시간관	쾌락적 시간관	적극적·미래지향적 시간관
부정적 시간관	숙명론적 시간관	초월적·미래지향적 시간관

두 번째 단계는 감정 발굴이다. 머릿속이 온갖 부정적인 기억으로 가득할 때 그 안에서 긍정적인 작은 일면을 찾아내보는 것이다. 만일 당신이 운명을 하늘에 맡긴다는 태도를 갖고 있다면 일출 보기,

공원 산책, 친구들과의 모임처럼 재미있는 일을 마련해보는 것도 좋다. 주의해야 할 점은 이렇게 감정을 발굴하는 것이 결코 우리가 이전에 느낀 감정을 부인하려는 것이 아니라 이전의 불쾌감을 느끼면서도 등한시했던 그 안의 작은 진실을 찾는다는 의미라는 것이다.

　　마지막 단계로 시간관을 조정한다. 부정적인 기억이 머리를 가득 메울 때 스스로에게 이렇게 말해보자. '아, 문제적 시간관에 빠져버렸네. 받아들이겠지만 그래도 조절은 좀 해야겠어.' 긍정적인 기억이 부정적인 기억을 재빨리 대체하게 하는 것이다. 현실에서 절망과 무력감을 느낄 때 감사하는 마음으로 일상의 아름다운 순간들을 나눠보고 의미 있는 인간적 교류에 참여하자. 미래에 대한 불안에 시달릴 때 생각의 갈피를 현재로 돌려 앞날에 대한 계획을 세우자.

●

연습해보자

1. 당신은 낙담, 수치심, 슬픔 등 불쾌한 감정을 거부하나요? 이런 불쾌한 감정이 당신에게 어떤 메시지를 전하는지 생각해봅시다.

2. 부적절한 칭찬이 어째서 지속적인 내적 소모를 유발하는지 설명할 수 있나요?

3. 일상에서 매일 자부심을 느끼는 한두 번의 순간을 찾아낼 수 있나요? 매일 공책에 기록해놓고 그때의 느낌을 되새겨보세요. 그리고 한 달 뒤 삶에 어떤 변화가 일어났는지 살펴보세요.

4. 잘못을 저질렀을 때 스스로에게 어떻게 말하나요? 어째서 자책, 수치심, 자해 등으로는 행동을 변화시킬 수 없는지 말해보세요. 더 나아지고 싶다면 자신을 어떻게 대해야 할까요?

5. 뜻대로 되는 일이 하나도 없을 때, 모든 게 다 엉망진창일 때, 성취감을 느끼는 방법을 알고 있나요?

① 고통에 빠지면 자신이 그런 감정에 빠졌다는 사실을 알아차릴 수 있다.

② 감정에 지배되는 시간이 긴지 짧은지 알아차릴 수 있다.

③ 통제 불가능한 행동을 더 자주 하는지 통제 가능한 행동을 더 자주 하는지 알아차릴 수 있다.

④ 감정의 변화를 알아차리는 능력이 더 강해졌는지 더 약해졌는지 알아차릴 수 있다.

⑤ 전혀 새롭고 효과적인 행동으로 불쾌한 느낌과 대면할 수 있다.

6. 받아들인다는 건 어떤 의미인가요? 다음 중 어떤 관점이 정확한 관점일까요?

① 일종의 자기 통제다. 이미 일어난 일이니 뜻대로 되지 않은 일들은 상관하지 말고 해야 하는 일을 계속해야 한다.

② 일종의 의식이다. 현재의 모든 좋음과 싫음을 받아들이는 것, 모

든 걸 내려놓고 시끄럽게 굴지 않고 싸우지 않는 것이다.

③ 일종의 지속적인 행동이다. 이 행동은 어떤 노력이나 통제가 아니라 지금 일어나고 있는 모든 일에 관심을 갖는 것이다. 이런 관심이야말로 바로 받아들이는 것이다.

④ 운명에 맡기는 것이다. 바꿀 힘이 없는 모든 것을 부득이하게 받아들이는 것이다.

복잡한 생각을
멈추는 법

마음은 집의 주인이다.
마음은 천당을 지옥으로 바꿔 놓을 수 있고,
지옥을 천당으로 바꿔 놓을 수도 있다.

존 밀턴

생각은 우리가 세상을 인식하고 바꾸는 도구이자 우리를 감정 소모에 빠뜨리고 고통을 유발하거나 확대하는 근원이다. 30년 가까이 감정을 연구한 리사 배럿은 대뇌에 흔히 말하는 감정 신경회로가 없으며 따라서 감정은 대뇌 신경회로의 산물이 아니라 사고 과정의 산물이라고 본다. 즉, 감정은 우리가 만들어낸 것이라는 견해다.

우리는 고통이 승진 실패, 타인의 거절, 가족의 사망 등 내외부에서 비롯된 자극의 결과라고 잘못 생각한다. 그런데 사실 같은 자극을 받아도 다른 관점으로 관찰하면 전혀 다른 느낌을 받을 수 있다. 수많은 연구가 생각이야말로 감정을 야기하는 결정적인 힘이라고 말한다.

가령 아침에 일어났는데 심박이 빨라지고 손바닥에서 땀이 나고 위장이 뒤집히는 느낌이 들었다고 하자. 이때 대뇌는 빠른 속도로 움직이면서 원인이 무엇인지 찾아나간다. 오늘 해야 하는 업무가 짜증난다든지, 긴장을 놓을 수 없는 하루가 기다리고 있다든지, 두려운 일들을 수없이 마주해야 한다든지 원인은 많을 것이다. 일단 이런 부정적인 이유가 부여되면 몸이 정말로 엉망이 되어간다고 느끼게 되고 공포와 슬픔이 가중된다. 이것이 바로 생각이 미래를 예측해서 감정을 만들어내는 과정이다. 그러므로 고통을 처리하는 첫걸음은 생각을 효과적으로 처리하는 것이다.

스티븐 헤이스 교수는 자신의 이런 경험을 공유한 바 있다. 스탠퍼드대학교의 초청으로 수많은 전문가 앞에서 중요한 강연을 진행한 날이었다. 헤이스는 다음날 새벽 두세 시쯤 별안간 깜짝 놀라서 잠에서 깨고 말았다. '세상에, 도대체 어떻게 그런 저급한 실수를 저질렀을까? 그게 얼마나 중요한 수치인데 어떻게 100만을 10억이라고 잘못 말했지? 그렇게 중요한 자리에서……' 그는 다시 침대 위에 눕지 못하고 잠옷 차림으로 끊임없이 자책하고 자기 행동을 부끄러워하면서 호텔 방 안을 이리저리 돌아다니기 시작했다.

헤이스가 강연에서 숫자를 잘못 말한 건 확실했다. 이것이 고통의 근원이었다. 하지만 그 실수는 강연 내내 어떤 부정적인 감정도 유발하지 않았다. 왜일까? 그때는 이 문제에 관심을 두지 않았기 때문이었다. 그렇다면 무엇이 깊은 밤 헤이스에게 고통을 야기했을까? 새로운 자극 요인이 등장했나? 전혀 아니었다. 생각에서 비롯된 평가와 수치심이 그 근원이었다. 우리는 현실의 고통이 이미 지나갔음에도 이를 계속 생각함으로써 또다시 고통에 휩싸인다. 실수하거나 실패한 과거를 주의, 기억, 반성, 가정, 부연, 심판하는 과정에서 현실과 똑같은 체험을 하게 되는 것이다.

많은 내담자가 불면증, 현기증, 주의력 분산, 기억력 저하 등에 시달린다고 푸념한다. 첫 번째 원인은 자동적 사고automatic thoughts에 있다. 대뇌의 잡생각에서 도망칠 방법이 없다 보니 그 시끄러운 잡음들이 시시각각 사방에서 들려오는 것이다. 생각을 처리하는 효과적인 기술이 없으면 내담자는 치료의 효과를 기대하기가 무척 힘들어진다.

단순히 생각을 너무 많이 하지 말라고, 자기 자신을 통제하라고 쉽게 말하는 사람이 있다. 크게 생각하라거나 그렇게 대단한 일이 아니니 자신을 괴롭히지 말라는 사람도 상당히 많을 것이다. 하지만 현실은 잔혹하다. 대뇌에는 '일시 정지' 버튼이 없다. 혹독한 자기와의 대화에서 비롯된 문제를 처리해내기란 어렵다. 대부분의 경우 내담자는 아무리 노력해도 생각을 멈출 수 없다. 새로운 죄책감을 느끼고 자신을 부정하기 시작하며 자신에게 상처를 주는 새로운 단계로 빠져든다.

생각을 처리하는 효과적인 길은 무엇일까?《생각의 한계The Limits of Thought》에서 저자 지두 크리슈나무르티는 명확하게 지적한다. "생각이 초래하는 고통을 해결하려면 일단 생각이 일어나는 과정을 명확하게 알아야 한다. 오직 이 과정을 이해할 때에만 진정한 영혼의 자유를 찾을 기회를 얻을 수 있다."

소모적인 생각이 불러오는 다섯 가지 문제

상담을 하다 보면 생각에서 비롯되는 다섯 가지 문제가 내담자들을 괴롭힌다는 사실을 깨닫게 된다. 다섯 가지 문제란, 플래시백, 과거에 대한 부정적인 반추, 생각 과잉, 낙인찍기식 사고, 생각이 불러일으킨 각종 충돌과 욕망을 뜻한다.

1. 플래시백

플래시백이란 치욕, 거절, 신체적 폭행, 사고, 재난 등 중대한 사건을 겪은 뒤 당시의 상황이 생각으로 재현됨으로써 한 번 겪은 강력한 상해를 몸과 감정이 또다시 겪는 것을 가리킨다.

2. 과거에 대한 부정적인 반추

처음으로 반추 현상을 연구한 예일대학교 심리학과 수전 놀렌혹스마Susan Nolen-Hoeksema 교수는 반추를 수동적이고 반복적인 생각이 불러일으키는 부정적인 정서이자 그 의미에 몰입하는 무의식적인 과정으로 봤다. 여기에는 자신의 부정적인 정서와 이런 정서가 가져올 수 있는 결과적인 행위나 생각에 몰입하는 것도 포함된다.

반추 과정에서 자아로부터 멀어지는 사람들은 우울증에 빠지게 되고 우울증이 야기할 부정적 결과를 걱정하게 된다. 생각을 통제할 수 없는 상태에서 예전에 겪은 사건의 원인과 결과 그리고 그때 받은 느낌을 반복적으로 돌이키는 것은 또다시 부정적인 감정과 행동에 빠지는 결과를 초래한다.

3. 생각 과잉

심리학에서는 생각이 많으면 문제 있는 행동으로 간주한다. 생각 과잉은 본질적으로 공포, 막막함, 불안이 외재적으로 드러난 행동이기 때문이다. 길에서 아는 사람을 만났는데 상대가 당신에게 인사를 건네지 않았다고 가정해보자. 이때 머릿속에서 '저 사람이 나한테 인사를 하지 않았어. 내가 뭘 잘못했나? 나한테 무슨 불만이 있나? 날 싫어하나? 싫어하는 거면 어떡하지? 그날 내가 한 말 때문에 기분이 상했나?' 같은 생각이 떠오른다면 생각 과잉에 빠진 것이다.

4. 낙인찍기식 사고

분류는 세상을 인지하는 중요한 수단이다. 하지만 분류의 가장 큰 문제는 무언가를 아주 쉽게 낙인을 찍을 수 있다는 것이다. 사고 과정을 단순하고 폭력적으로 바꿔놓는다.

사회심리학자 헨리 타지펠Henri Tajfel은 영국 청소년들을 대상으로 편애 실험을 진행했다. 타지펠은 실험 도중 임의적으로 피실험자들을 두 집단으로 분류했다. 같은 부류가 된 학생들은 공동체 의식을 느꼈고 집단을 위해 자신의 이익을 희생하는 경우도 있었다. 그러나 서로 다른 집단의 학생에게는 냉혹하고 공격적인 행동을 보였다. 심리학자 캐런 윈Karen Wynn이 아기들을 대상으로 진행한 실험에서도 이같은 낙인찍기의 효과가 드러났다. 아기들은 인형이 자신과 똑같은 음식을 좋아한다는 사실을 알고 나면 그 인형을 더 좋아했다. 그런데 다른 음식을 좋아하는 인형에게는 기분이 나쁘면 벌을 줬다.

낙인찍기식 사고는 자기 자신에게도 상처를 준다. 잘못을 저지른 뒤 '난 정말 멍청해' '나는 실패자야' '잘하는 게 없어'라고 생각하는 사람이 있다. 이는 자아에 부정적인 낙인을 찍는 것과 같아서 반드시 자기혐오나 스스로에 대한 징벌 등의 행위가 따라붙게 된다.

5. 각종 충동과 욕망

복잡한 생각이 충동적인 행동이나 내적 갈망을 불러일으키기도 한다. 짜증 나면 술이나 실컷 마시고 싶다고 생각하는 사람이 그렇다. 일상에서 조금만 유심히 살펴보면 생각이란 대부분 불쾌한 기억과 느낌을 환기하지 기쁨을 환기해주지 않는다는 사실을 알게 된다.

어째서 생각은 자동으로 불쾌한 자극에 초점을 맞추는 걸까? 간단한 심리학 실험을 살펴보자.

1920년대 러시아 심리학자 블루마 자이가르닉Bluma Zeigarnik은 한 실험을 진행했다. 모든 피실험자에게 좋아하는 시 써보기, 55에서 17까지 숫자 거꾸로 세기, 일정한 방식에 따라 색깔과 모양이 다른 구슬을 실에 꿰기 등 간단한 22가지 임무를 부여했다.

피실험자들이 각 임무를 완성하는 데는 일반적으로 몇 분이 걸렸다. 하지만 절반의 임무는 반도 다 하지 못한 상태에서 다음 임무로 넘어가야 했다. 끝까지 완성한 임무와 중간에 끊긴 임무의 순서는 임의로 배치됐다. 모든 임무를 다 마친 뒤 뜻밖에도 실험자는 피실험자들에게 22가지 임무가 무엇이었는지 기억을 더듬어보라고 했다. 그 결과 피실험자가 완성하지 못한 임무를 기억할 확률은 평균 68퍼센트에 달했지만 완성한 임무를 기억할 확률은 43퍼센트에 불과했다.

이를 근거로 자이가르닉은 사람들이 이미 다 처리한 일보다 미처 다 처리하지 못한 일에 더 깊은 인상을 받는다는 결론을 내렸다. 이런 현상을 '자이가르닉 효과Zeigarnik effect'라고 부른다.

자이가르닉 효과는 어째서 사람들이 첫사랑을 잊지 못하는지, 어째서 비극이 더 사람의 마음을 울리는지 완벽하게 설명해준다. 헤이스가 한밤중에 잘못 말한 숫자 하나 때문에 잠에서 깬 것도 마찬가지다. 우리는 기쁨, 행복 등 완벽하고 아름다운 감정에 비해 실패, 치욕, 고독, 상실, 슬픔, 배반, 분노, 거절당했을 때의 느낌 등 완벽하지 않고 완결되지 않은 감정에 주의를 더 기울인다.

본인의 생각이 불쾌함에 초점을 맞추고 있다면 이는 대뇌의 정상적인 반응이라는 사실을, 본능에 가까운 습관이라는 사실을 기억하자. 이제 쓸데없이 복잡한 생각이 초래한 다섯 가지 문제에 초점을 맞춰 실증적이고 효과적인 처리 방법을 소개하겠다.

나 자신과 거리 두기

원촨 지진汶川地震이 일어난 지 10년이 지났지만, 리타오李濤는 죽은 딸만 생각하면 여전히 눈물이 흐른다. "눈을 감으면 딸아이가 손으로 머리를 감싸 쥐고 있던 모습이 떠올라요." 그 가슴 저린 장면이 돌에 새긴 글처럼 또렷하게 리타오의 머릿속에 남아 있다.

한편 고등학교 2학년생 아징阿靜은 초등학생 때 1년 넘게 학교 폭력을 당해 우울증에 걸렸고 자해를 한 적도 있었으며 자살 생각을 수도 없이 많이 했다. "매번 나아지고 있다는 생각이 들 때마다 또 한 번의 절망이 찾아와요. 이미 그곳에서 벗어나 고등학교에 진학했지만 시간이 갈수록 공부하는 게 점점 더 힘들어요. 저 자신을 전혀 통제하지 못해요. 머릿속에서 늘 그 여자애가 나타나서 절 공격하거든요. 저보고 못생겼다, 뚱뚱하다고 비웃으면서 흘겨보고 하찮다는 표정을 짓죠. 그리고 나면 땀이 나고 온몸이 덜덜 떨려요. 숨이 가빠지고 견디기 힘든 반응들이 나타나죠. 저도 그러고 싶지 않은데 뭘 어떻게 해도 그 생각이 떠나지 않아요."

리타오와 아징이 겪고 있는 것이 바로 엄청난 고통이 지나간 뒤에 찾아오는 플래시백이다. 이들은 플래시백을 통해 반복적으로 재난이 일어났던 현장으로 돌아가고 고통스러운 감정과 생리적 반응까지 당시의 모든 것을 되새긴다.

많은 상담전문가들이 내담자가 과거의 기억을 불러낼 수 있도록, 과거의 아픔으로 인한 울분을 풀 수 있도록 도와준다. 최근에는 이런 상담 방법에 의문이 제기되는데 완벽하지 않은 일에 집중하고 상처를 들춰내는 건 새로운 상처와 그 기억에 더 많이 의존함을 의미하기 때문이다.

심리상담사로 일한 지 20년이 넘은 가이 윈치Guy Winch 박사는 자신의 책《아프지 않다는 거짓말Emotional First Aid》에서 연구 사례를 하나 소개한다. 이 연구에서는 우울증을 앓을 가능성이 있는 대학생들을 두 그룹으로 나눈 뒤 한 그룹에게는 전통적인 치료를 받게 하고 다른 한 그룹에게는 인지 치료를 받게 했다. 치료가 끝난 뒤 연구자는 곧바로 피실험자의 우울 수준을 평가했고 4개월 뒤 다시 두 번째 평가를 진행했다. 그 결과 인지 치료를 통해 반추 경향이 높았던 피실험자들이 전통적인 치료를 받은 피실험자들에 비해 훨씬 더 강한 우울감을 보였다. 이런 현상은 4개월 뒤에 진행된 2차 평가에서도 뚜렷하게 나타났다. 이 사례는 아픈 과거를 떠올리는 것이 현재 마음이 아픈 사람에게는 도움이 안 된다는 걸 보여준다. 나 역시 이 사실을 많은 내담자와의 경험을 통해 알게 됐다. 내담자가 부정적인 생각에 집중하고 이를 표현하게 하는 것, 내담자가 힘든 과거와 싸우도록 돕는 것은 오히려 이들을 더 심각한 고통에 빠뜨릴 뿐이었다.

그렇다면 커다란 상처 뒤에 나타나는 플래시백을 더 효과적으로 처리할 수 있는 방법은 무엇일까? 우선 한 심리학 실험을 살펴보자.

2008년 티머시 윌슨Timothy D. Wilson과 대니얼 길버트Daniel T. Gilbert는 연구를 통해 불쾌한 경험을 표현하고 분석하거나 당시 자신의 느낌, 생각, 동기를 다시 체험할 때 행복과 심신의 건강을 얻을 수 있다고 했다. 하지만 정반대의 결론을 내놓은 지넷 스미스Jeannette M. Smith와 로런 알로이Lauren B. Alloy 등 일부 학자는 그런 방식으로 반추하다 보면 감정이 개선되기는커녕 부정적인 감정이 심화된다고 봤다.

어째서 같은 행동이 전혀 다른 결과를 낳을까? 2010년 오즈렘 에이덕Ozlem Ayduk과 이선 크로스Ethan Kross가 발표한 연구 보고서에 따르면 핵심은 기억을 돌이킬 때의 시각에 달려 있다. 자신을 과거로 다시 데려가는 것은 당시의 상처를 되새기는 것과 같은데 이는 일종의 자기에게 몰두하는 시각으로 상처를 불러오기 쉽다. 반면 소파에 앉아서 영화를 볼 때처럼 제삼자의 시각으로 무슨 일이 일어났는지 관찰하면 진정한 치료 효과가 발생하는데 이것이 바로 자기와 거리를 두는 시각이다.

실제로 이 보고서의 발표를 전후로 에이덕과 크로스 그리고 다른 많은 연구자가 각자의 실험을 통해 자신과 거리 두기가 감정 처리에 끼치는 긍정적인 의의를 검증해냈다. 이 시각은 중증 우울증 환자의 부정적인 감정을 현저히 떨어뜨리고 부정적인 사건이 불러일으키는 분노, 공격적인 생각, 심지어는 공격적인 행위를 낮춰주며 초조함을 감소시켜준다.

• 자신과 거리 두기 기술

1. 일시 정지 : 기억 속 고통스러운 상황이 불쑥 재현되면 하던 일을 내려놓고 편한 자세를 잡아보자.

2. 심호흡 : 복식 호흡으로 몸을 이완시킨다. 날숨으로 시작해서 복부를 서서히 수축시키고 몸 안에 있는 공기를 내뱉는다. 복부를 더 수축시킬 수 없게 되면 자연스럽게 들숨으로 전환해서 코로 서서히 공기를 들이마신다. 복부가 자연스럽게 부풀어 오르면 천천히 숨을 내뱉고 이와 동시에 복부 근육을 수축시킨다. 그다음 다시 코로 숨을 깊게 들이마시고 천천히 내뱉는다. 3분에 걸쳐 호흡을 조절한다. 이때 호흡의 리듬을 평온하게 유지하는 데 주의한다.

3. 재관찰 : 계속해서 심호흡하면서 눈을 감고 다시 고통스러웠던 그 현장으로 돌아간다고 상상한다. 다만 이때 나는 당사자가 아닌 관찰자다. 상황 밖에서 내게 일어난 모든 일들과 주위 환경까지 다 봤다고 상상해보자. 서서히 뒤로 물러나 나 자신을 바라보면서 동시에 더 많은 배경 정보에 주의한다. 한 편의 공연이나 영화를 보듯 당시에 일어난 모든 일을 관찰해보자.

4. 지금 이 순간으로 돌아오기 : 심호흡을 유지하면서 반추가 야기한 끔찍한 감정이 차차 사라진다는 느낌이 들 때 천천히 눈을 뜨고 지금 이 순간으로 돌아온다. 이제 조금 전에 중단했던 일을 계속한다.

부정적 생각에 이름을 붙여라

플래시백처럼 특정 상황이 떠오르는 게 아니라 머릿속이 과거에 대한 기억, 회한, 자책, 죄책감, 끝없는 추궁, 부연과 가정으로 가득 찰 때가 있다. 어째서 내가 상처받은 사람이 됐을까? 어째서 나한테 이런 일이 일어났을까? 그 일이 없었더라면, 내가 그때 생각을 바꿔먹었더라면 결과가 어떻게 달라졌을까?

계속해서 부정적인 과거에 집중하고 당시의 고통을 경험하면 삶은 이루 말할 수 없이 고달파진다. 과거는 바꿀 수 없다. 반추의 과정에서 바꿀 수 있는 유일한 것은 지금의 삶뿐이다.

30여 년 동안 심리 응급처치 전문가로 일한 가이 윈치 박사는 본인의 상담 경험을 통해 반추가 네 종류의 큰 상처를 초래한다는 사실을 알게 됐다. 우선 장기적으로 과거의 고통 속에서 살게 되고, 둘째로 소중한 심신의 자원이 의미 없이 소모되며, 셋째로 현재 닥친 도전을 마주하지 못해 실제 삶에서 차차 멀어지게 되고, 마지막으로 곁에 있는 사랑하는 사람들과의 관계가 소원해진다. 이 모든 게 모이면 삶이 나선형 하강 궤도에 진입한다.

반추는 우울, 불안 등의 문제와 상관관계가 높다. 심리학자 리처드 로빈스의 종단 연구縱斷研究(같은 현상을 일정 간격을 두고 되풀이해서 측정하는 연구 방법—옮긴이)에 따르면 부정적인 정서에 빠져 반추하는 경향을 보일 때 심각한 우울증이 일어날 가능성이 아주 커지고 우울증의 발생 횟수도 훨씬 잦아지며 지속 시간도 훨씬 더 길어진다고 한다. 건강한 사람이라도 반추하는 경향이 있으면 우울증에 쉽게 빠진다.

충격적인 사건을 겪어 우울 등 부정적인 감정이 생기면 그 원인과 결과를 반복해서 생각하게 되는데 이렇게 되면 예전의 부정적인 기억이 활성화되고 현재 상황에 대한 해석에 영향을 끼쳐서 더 강한 좌절감과 무력감이 유발된다.

그뿐 아니라 반추는 개인의 행동 능력에도 영향을 끼친다. 긍정 심리학자 소냐 류보머스키Sonja Lyubomirsky는 한 연구에서 피실험자에게 자신이 맞닥뜨린 가장 큰 문제 세 가지를 적고 가능한 해결 방안을 제시하라고 요구했다. 반추하는 경향이 강했던 피실험자는 효과적인 해결 방안이 있다는 사실을 안다 해도 이를 행동에 옮기기 무척 어려워했다.

스레이石磊의 사례를 살펴보자. 이혼한 지 3년이 넘었지만 스레이의 삶은 막 이혼했을 때보다 훨씬 더 엉망진창이다.

"막 이혼했을 때는 그래도 옆에서 같이 술도 마셔주고 하소연도 들어주는 좋은 친구들이 있어요. 하지만 지금은 친구들과도 멀어졌어요. 친구들은 제가 왜 지금까지도 고통에서 못 벗어나는지 모르더군요."

"3년이나 지났는데 아직도 힘들어하고 있네요. 그렇지요?"

"예. 3년 내내 이해가 가지 않는 게 있거든요. 아내가 도대체 왜 바람을 피웠을까요? 아내가 왜 저를 배신했을까요? 상대 남자를 만나본 적이 있는데 어느 면에서 봐도 저보다 못한 사람이었어요. 도대체 아내는 어떻게 저한테 그럴 수 있을까요?"

3년이 지났는데도 스레이는 여전히 그 경험에서, 그 경험이 가져온 상처와 강렬한 불쾌감에서 벗어나지 못하고 있다. 스레이가 3년 동안 경험한 게 바로 끊임없는 반추다. 반추하는 과정에서 스레이는 당시의 충격, 낙담, 분노, 슬픔 등 강렬한 감정을 되새겼다. 스레이의 삶은 3년 전에 멈춰버렸고 이를 감당할 수 없었던 친구들은 멀어질 수밖에 없었다.

스레이가 곤경에서 벗어나는 데 필요한 기술이 바로 스티븐 헤이스가 반추를 처리하는 데 효과적인 기술로 추천한 생각 명명 대화법이다.

• 생각 명명 대화법

1. 이름 붙이기 : 자신이 반추하고 부정적 생각에 이름을 붙인다.
2. 받아들이고 환영하기 : 떠올리고 싶지 않은 생각이 불쑥 찾아오면 숨을 깊이 들이쉬면서 복식 호흡으로 호흡을 조절하고 양어깨를 쫙 펴서 포용하려는 자세를 취한다. 이런 자세로 생각의 등장을 받아들이고 환영해준다.
3. 대화하고 처리하기 : 이 생각을 친구라고 생각하고 환영하며 자리를 마련해준다. "안녕. 너 또 왔구나. 내 삶에 관심을 가져줘서 기뻐. 손님으로 와준 것도 환영이야. 다만 지금은 내가 처리해야 할 일이 있어서 같이 있어줄 수 없으니까 혼자 좀 있어."
4. 계속 행동하기 : 앞서 중단됐던 일을 계속한다.

내가 잘한 것에 집중하기

반추와 유사하게 끊임없는 생각으로 고통받는 내담자들이 있다. 이들은 과거나 미래에 집중하거나 자신이나 타인에 대한 의심에 집중한다.

한 중학생이 내게 이렇게 말했다. "제가 엄청 예민해서 작은 일 하나에도 이런저런 생각을 해요. 학교 친구들이랑 같이 있을 때면 아이들의 표정, 말투 아니면 다른 세부적인 것들을 계속해서 살피고 생각하는 거죠. '쟤가 왜 저런 표정을 짓지? 날 싫어하나? 내가 뭘 잘못했나? 말을 잘못했나?' 원래도 사교적인 편은 아니었는데 지금은 머릿속에 생각이 많아지면 많아질수록 일을 더 망치는 지경이 돼버렸어요. 이제 친하게 지내던 친구들도 다 절 아주 이상한 애로 보고 저랑 친구로 지내려고 하지 않아요."

다섯 살 난 딸을 둔 엄마도 이 학생과 같은 말을 했다. "아이가 말을 안 들으면 화가 치밀어 오르고 머릿속에서 생각들이 튀어 올라와요. 말을 안 듣는 대로 내버려두면 버릇없는 애가 될 거고 그렇게 되면 학교에서 선생님과 친구들에게 따돌림당할 거고 공부야 말할 필요도 없이 못할 텐데 그러니 아이 미래가 불안한 거예요. 급기야 버럭 화를 내고 결국 아이를 제압하게 돼요."

이들은 전형적인 생각 과잉에 시달리고 있다. 인지행동치료법의 창시자인 정신과 의사 아론 벡Aaron Beck은 행동으로 나타난 인지 왜곡 사례를 여러 가지 들었는데, 그중 하나가 끊임없이 이어지는 생각 속에서 본인이 제대로 못했다고 생각하거나 문제와 책임을 확대하고 자신이나 타인의 행동을 가늠하는 것이다.

생각 과잉에 빠지면 인지 왜곡이 아주 쉽게 일어난다. 저명한 교수가 자신의 전문성을 의심한다든가 멀쩡한 사람이 이성에게 미움을 받는다는 생각에 빠진다든가 성적이 우수한 학생이 할 줄 아는 게 없다고 생각한다든가 하는 식이다. 불면증을 호소하는 내담자와 우울증에 빠진 내담자 모두 잡념에 쉽게 사로잡힌다.

고등학교 1학년인 샤오샤오[肖肖]는 무력감과 고민을 한가득 짊어진 채 도움을 청하러 왔다. "요즘 이런저런 '왜' 때문에 고민이에요. 왜 이렇게 하면 혼이 나지? 하는 도덕적인 고민에 휩싸일 때도 있고 왜 공부를 열심히 해야 하지? 하고 학업 관련 고민을 할 때도 있어요. 왜 이렇게 괴롭지? 왜 이렇게 고민이 되지? 이런 감정 때문에 고민할 때도 있고요."

이런 수많은 '왜'가 샤오샤오의 거대한 정신적 부담이 되어버렸다. 생각이 너무 많아지면 많은 이가 생각을 끊으려고 노력하는데 단기적으로는 효과가 있을지언정 그 뒤 더 강한 생각의 반동으로 이어지고 만다. 생각 과잉을 효과적으로 처리하는 데 앞에서 언급한 생각 명명 대화법이 도움이 된다.

나는 상담 과정에서 샤오샤오에게 자기 인식 기술을 가르쳐주고 연습하게 했는데 샤오샤오는 그 덕에 자기 생각의 변화를 더 잘 관찰할 수 있게 됐다. 샤오샤오는 통제 불능에 빠진 본인의 대뇌를 '왜 선생님'이라고 부르기 시작했고 '왜 선생님'이 나타날 때마다 어떻게 처리할지 연습했다. 그러나 일주일 뒤 샤오샤오는 새로운 고민을 짊어지고 왔다. "처음에는 이 방법이 아주 쓸모가 있었어요. 그런데 한 번은 머릿속에서 느닷없이 이런 생각이 튀어나오는 거예요. 내가 왜 이걸 해야 하지? 왜 이렇게 하면 효과가 있는 거지? 그러자 또다시 생각에 빠져 벗어날 수 없게 되고 말았어요."

"음, 새로운 '왜'의 추궁에 또다시 방향을 잃어버렸군요. 그럼 '내가 왜 이걸 해야 하지?'라는 생각 역시 본인의 생각이라는 것을, 똑같은 '왜 선생님'이라는 것을 알겠어요?"

"예? 그 녀석들도 그런 건가요? 그건 미처 생각하지 못했네요. 그럼 그 녀석들하고도 이렇게 대화해야 하겠네요?"

"네. 본인이 감지한 어떤 생각이든 이런 대화로 처리할 수 있어요. 자기 인식 기술을 다시 연습해봐도 좋겠네요. 앞으로 생각을 처리하는 데 도움이 될 겁니다."

몇 주 뒤 샤오샤오는 마음이 가뿐해졌다는 기쁜 소식을 전했다.

안타깝게도 강렬한 감정이 동반될 때는 생각 명명 대화법만으로는 시끌벅적한 대뇌가 평온을 찾기 힘들 수 있다. 샤오친小琴은 고등학교 3학년이다. 대입 시험을 준비하는 과정에서 샤오친은 본인의 마인드세트에 문제가 생겼음을 깨달았다. "하루하루 마음이 너무 답답해요. 전 제가 얼마나 부족한지 알고 있어요. 학교 친구들이 저보다 뛰어나서 열등감을 느껴요. 요즘은 머릿속에서 늘 부정적인 일들만 떠오르네요. 난 분명히 실패할 거라는 생각이 드는 거죠. 고등학교 3년을 헛되게 보냈다는 생각이 들어요."

이런 상황에서는 적당한 감정 발산이 대뇌의 목소리에 효과적으로 출구를 열어줄 수 있다. 이를 위한 자기 가치 확인 기술을 소개한다. 이는 존 가트먼이 공개적으로 추천한 방법이다. 핵심은 주의 편향

attentional bias된 심리적 상처와 자책과 비판의 목소리를 받아들인 뒤 주의를 전환해 본인의 뛰어난 일면에 더 많은 관심을 기울이는 것이다.

- 자기 가치 확인의 기술

1. 표현하기 : 종이에 머릿속에서 시시때때로 떠오르는 자기 비판적 언어와 문장들을 가능한 한 다 써 내려간다.
2. 주의 돌리기 : 비판의 목소리가 점차 사그라질 때 새로운 종이를 꺼내서 자신의 장점을 찾아내고 기록한다. 매일매일 잘한 일 세 가지를 적어나가는 것도 괜찮다.
3. 감정 강화 : 기록한 것들을 매일 밤 잠자리에 들기 전 5분 동안 읽고 떠오르는 감정을 다시 한 번 느끼며 그날 하루 본인이 한 행동에 감사한다.
4. 실천과 응용 : 자기비판, 자기부정 등 내면의 독백이 들릴 때마다 우렁찬 목소리로 한마디 한다. "일깨워줘서 고마워. 네가 하는 말 들었어." 그다음 본인의 장점과 행복했던 일을 적은 종이를 들고 읽으면서 따뜻한 기억, 힘이 되는 기억을 불러일으킨다.

나와 낙인을 떼어놓는 연습

샤오레이小雷는 상담하면서 이렇게 자신의 고통을 표현했다. "전 언제나 실패자였습니다. 어딜 가든 환영받지 못하고 어딜 가든 배척

당했어요. 절 또라이라고 생각하는 사람이 한둘이 아니에요. 이제는 저도 그 사람들이 맞다는 생각이 듭니다. 전 이기적이고 따돌림당해도 싼 인간이에요. 죽고 싶다는 생각을 한 게 한두 번이 아닙니다. 왜 죽고 싶은지는 저도 말을 못하겠지만, 이런 생각이 계속 제 주변을 맴돌고 있습니다."

샤오레이가 바로 낙인찍기식 자기 심판이 야기하는 인지 융합의 사례다. 실패, 배척, 이기심, 또라이…… 샤오레이가 자신을 묘사하면서 사용한 단어들이 천천히 실제 샤오레이를 대체해버렸고 샤오레이의 자아가 돼버리고 말았다.

심판과 낙인찍기는 우리가 세상을 인식하는 중요한 기술이다. 신속하게 위협을 식별하고 어떻게 대응할지 준비할 수 있게 해주는 일종의 진화 본능이다. 하지만 그 기술이 자신을 향하게 되어 자신의 부정적인 모습이 드러날 때 심판과 낙인찍기는 자기 상해의 도구가 돼버린다.

심리학자 필립 짐바르도는 낙인찍기가 행동에 끼치는 영향을 연구했다. 짐바르도는 1971년 환경적 요인이 개인에게 끼치는 영향을 연구할 목적으로 테스트를 통해 심리적으로 아주 건강하다고 확인된 남자 대학생 24명을 모집해 시뮬레이션 감옥 실험에 참여하게 했다. 그중 무작위로 절반의 대학생을 뽑아 간수 역할을 하게 했고 이들에게 제복과 호루라기를 주면서 감옥의 규칙을 시행하도록 훈련시켰다. 나머지 절반의 학생은 죄수 역할을 하게 됐고 질이 낮은 수의를 입은 채 감방에 갇혔다.

학생들은 이것이 모두 상황극이라는 사실을 알고 있었고 심지어

서로 아는 사이인 경우도 아주 많았다. 하지만 하루가 지나자 이들은 각자의 역할에 빠져들었다. 간수들은 언행이 거칠어지기 시작했고 적의에 가득 찼으며 죄수들을 괴롭히기 위해 온갖 가혹한 형벌과 체벌을 생각해냈다. 죄수들은 순식간에 정신이 무너지는 경험을 했다. 눈 깜짝할 사이에 간수와 죄수 모두 심리적 통제 불능 상태에 진입했고 원래 14일로 예정되어 있던 실험은 6일째 되는 날 강제 중단됐다.

짐바르도 교수는 학생들이 현실과 착각 사이에서, 그리고 상황극 속 역할과 자아 정체성 사이에서 혼란이 생겼다고 이 실험을 정리했다. 많은 논란을 불러일으킨 이 시뮬레이션 실험은 대뇌가 실제와 상상을 구분하지 못한다는 사실을 보여준다. 따라서 만일 계속해서 스스로에게 부정적인 낙인을 찍으면 행동 역시 그 꼬리표와 맞아떨어지는 특징을 드러내고 말 것이다.

스티븐 헤이스는 부정적인 자기 심판과 여기서 비롯된 자아와 생각의 융합 문제에 초점을 맞춰 '탈융합defusion'이라는 새로운 단어를 제시했다. 수용전념치료에서 탈융합의 핵심은 내담자가 '실제 나'와 '머릿속 언어의 묘사' 사이의 차이를 인식하도록 돕고 이를 통해 부정적인 낙인의 영향을 하루빨리 제거하는 것이다.

헤이스는 스탠퍼드대학교에서 강연을 하고 한밤중에 잠에서 깼을 때, 처음에는 숫자를 잘못 말했다는 사실 때문에 자책과 수치심 등의 감정이 순식간에 밀어닥쳤고 머릿속에서는 '어떻게 이렇게 멍청할 수가 있을까' 하는 생각이 빙빙 돌았다고 했다. 새벽 세 시까지 방 안을 초조하게 돌아다닌 끝에 머릿속에 남은 단어는 딱 하나, 바로 '멍청하다'였다. 이 단어가 모든 언어를 압도해버렸고 쉬지도 않고 소란을 떨었다.

많은 내담자가 비슷한 충격을 경험한다. '난 겁쟁이야' '쓰레기야' '민폐 덩어리야' 하는 낙인의 충격 속에서 자아는 부정적인 단어로 농축된다. 이럴 때는 앞에서 소개한 생각 명명 대화법도 별 힘을 쓰지 못할 수 있다.

이때는 효과적인 새 기술을 써야 한다. 바로 낙인을 신속하게 반복 낭독하는 것이다. 심리학자 에드워드 브래드퍼드 티치너Edward Bradford Titchener가 100년 전 창안한 방법으로 지속적인 후속 연구를 통해 그 효과가 끊임없이 검증됐다. 헤이스 역시 이 방법으로 새벽 세 시의 패닉을 극복했다. 헤이스는 깊은 밤 호텔 방에서 '멍청하다'는 단어를 크게 빠른 속도로 반복해서 낭독했다. 몇십 초 뒤 헤이스는 '멍청하다'는 낙인에서 순조롭게 빠져나와 침대로 돌아가 계속 잠을 잘 수 있었다.

• 낙인의 반복 낭독법

1. 추출 : 머릿속에서 '바보' '쓰레기' '실패자' 등 나를 결박하는 낙인을 추출한다. 추출한 단어를 종이에 적거나 머리로 기억한다.

2. 준비 : 휴대폰이나 손목시계를 꺼내 45초를 세면서 세 차례에 걸쳐 심호흡을 한다.

3. 낭독 : 45초 동안 크게 빠른 속도로 반복해서 추출한 단어를 낭독한다. 낼 수 있는 가장 빠른 속도로 45초가 지날 때까지 낭독하다가 멈춘다. 연구에 따르면 이런 식으로 20~45초 동안 반복하면 탈융합 효과가 일어난다. 통상적으로는 45초를 최적으로 본다.

4. 일상 : 연습을 마친 뒤 중단됐던 일을 계속한다.

충동과 욕망을 인정하라

생각이 쓸데없이 복잡해지면 강렬한 갈망이나 충동적인 행동을 불러일으킬 때도 있다. 예를 들어 어떤 사람은 스트레스가 너무 심하면 손을 자주 씻거나 이미 한 일을 반복해서 확인한다. 어떤 사람은 단 디저트를 먹는 등 식욕을 거의 통제하지 못한다. 담배나 술로 스트레스에서 벗어나려는 사람도 있다. 이런 상황에서 생각은 욕망과 충동을 불러일으키고 강화한다.

프레드 허친슨 암 센터Fred Hutchinson Cancer Research Center의 행동과학자 조너선 브리커Jonathan B. Bricker 박사는 수용전념치료를 활용해 내담자가 담배를 끊을 수 있도록 돕는다.

이전에 브리커는 내담자에게 계속해서 전통적인 금연 방법을 알려줬다. 담배와 관련 있는 생각은 하지 말라고 했고 담배 생각이 나면 재빨리 주의분산전략으로 회피하거나 무시하라고 했다. 욕망이 찾아오기 전에 자신을 통제하라고 한 것이다. 그리고 내담자에게 어떻게 하면 흡연 욕구를 통제할 수 있는지, 어떻게 흡연 욕구에서 도망칠 수 있는지 가르쳤다. 내담자의 임무는 전등 스위치를 끄듯 흡연이 야기하는 불쾌감과 갈망을 꺼버리는 것이었다.

하지만 브리커는 결국 이 방법에 한계가 있음을 깨달았다. 인간의 욕망에는 강제로 켜고 끌 수 있는 버튼이 없다. 실제로 많은 사람들이 열심히 금연을 시도해도 두드러지는 성과가 나오지 않는 이유는 스위치를 끄듯 불쾌감을 꺼버릴 방법이 없는 탓이다. 심지어 욕망을 통제하려고 하면 할수록 욕망은 점점 더 통제 불능 상태에 빠져든다. 백곰 실험을 기억하는가? 대뇌에 백곰을 생각하지 말라고 하면 오히려 백곰에 대한 주의를 끊임없이 환기하는 결과가 빚어진다.

수용전념치료는 전혀 새로운 방법을 제시한다. 유쾌한 느낌이 아닐지라도 그 느낌을 받아들이는 것이다. 이 모든 걸 받아들이는 동시에 행동에 주의를 기울여야 한다. 충동에 이끌리지 않고 정확한 가치관에 따라가도록 말이다. 브리커는 강렬한 욕망을 인정하면서 이를 회피, 부인, 억압하려 하지 않고 관찰하고 표현하면 오히려 고통에서 더 쉽게 멀어지고 상황을 통제할 수 있게 되며 본인이 원하는 삶에 가까워진다고 말했다.

삶을 더 잘 통제하고 싶은가? 그렇다면 통제를 포기하라. 조너선 브리커가 추천한 객관적 생각 표현법을 알아보자. 이 역시 복잡한 생각을 처리하는 효과적인 기술 중 하나다.

• 객관적 생각 표현법
1. 욕망과 충동 표현하기 : 자기 생각, 갈망, 충동을 알아차렸을 때 똑바로 서서 욕망을 언어로 표현한다. "너무 피곤해. 아이스크림 먹고 싶어." "술 한잔 하고 싶어." "담배 한 대 피우고 싶어."
2. 자아와 생각 분리하기 : 있던 자리에서 왼쪽으로 두 걸음 옮긴다. 방금 서 있던 위치를 바라보면서 "이런 생각이 들어"라고 말한 뒤

아까 한 말을 반복한다. "이런 생각이 들어. 너무 피곤해. 아이스크림 먹고 싶어."

3. 현재로 돌아오기 : 또다시 왼쪽으로 두 걸음 옮긴 뒤 "방금 알아차렸어"라고 말하고는 아까 서 있던 위치를 바라보면서 방금 한 말을 반복한다. "방금 이런 생각이 들었다는 걸 알아차렸어. 너무 피곤해. 아이스크림 먹고 싶어."

소모적인 생각에서 벗어나려면

소모적인 생각에서 벗어나려면 몇 가지 조건이 필요하다. 그중 첫 번째 조건은 정확한 자기 인식이다. 많은 이에게 자기 인식은 난해한 책처럼 다가온다.

"아무 생각도 없어요. 그냥 너무 화가 나요."

"어떤 생각이 들어서 밖에 못 나가는 게 아니에요. 매번 외출해야겠다는 생각이 들 때마다, 그 많은 사람을 마주해야 한다는 생각이 들 때마다 긴장되고 땀이 나고 몸이 떨려요. 실제로 그렇게 느껴요. 전 이게 생각으로 인한 문제가 아니라고 생각해요."

"뭘 먹고 싶다는 생각은 들지 않아요. 그냥 입이 멈추질 않는 거예요."

당신이 이 사람들과 비슷한 기분을 느낀다면 지금 이 순간으로 돌아오는 기술과 자기 생각을 관찰하는 기술을 더 익혀야 한다.

지금 이 순간으로 돌아오기 위한 연습은 복식 호흡, 호흡 관찰, 감각 자극 등 수없이 많다. 여기서는 내가 가장 자주 쓰는 간단한 방법인 감각 자극법을 소개해보려고 한다. 나 역시 생각을 통제하기 어려워 너무나 많은 생각을 하며 살던 때가 있었다. 저녁 무렵이면 머릿속이 울리거나 쿵쿵거렸고 아니면 무거워서 멍해졌다. 몸이 너무 피곤하고 눈도 어지러웠다. 늘 눈을 감고 이마를 툭툭 쳐줘야 했다. 그런데 솔잎의 맑은 향을 맡을 때마다 몸과 마음이 편해지는 느낌이 들었다. 후각을 통해 마음이 진정됐던 것이다. 자기 인식력이 부족한 내담자는 아래의 연습을 매일 하면 좋다. 3~5분이면 끝나는 간단한 연습이지만 끝까지 하기만 하면 긍정적인 변화를 느낄 수 있을 것이다.

• 감각 자극법

1. 재료 준비 : 좋아하는 향을 가진 물건을 준비한다. 딸기, 사과, 파인애플, 귤, 망고 같은 과일이나 백합, 장미 등 꽃도 좋다. 맑은 생명의 기운을 퍼뜨리는 푸른 잎도 좋다. 나는 개인적으로 소나무에서 막 따온 긴 솔잎을 좋아한다.

2. 호흡 조절 : 편안한 자세를 취한다. 눕거나 앉거나 서 있어도 괜찮다. 나는 걸으면서 연습하는 편이다. 그다음에 준비해둔 물건을 옆에 놓거나 손에 들고 호흡에 집중해 숨을 고른다. 코로 서서히 숨을 들이마신다. 부풀어 오르는 복부에 주의를 기울인다. 복부가 더는 부풀어 오를 수 없을 정도로 부풀어 오른 느낌이 들면 입으로 서서히 숨을 내뱉는다. 평온한 속도를 유지하는 데 주의한다. 숨을 들이마시는 시간보다 훨씬 더 긴 시간을 들여 숨을 내뱉고 숨을 내

뱉을 때 숨이 스쳐 지나가는 느낌과 소리에 주의한다. 같은 속도를 유지하면서 3~5회에 걸쳐 숨을 내뱉고 들이마신다.

3. 감각 이동 : 호흡의 리듬을 유지하는 동시에 준비해둔 물건을 손에 들고 색깔, 형태, 크기를 살펴본 뒤 언어로 표현한다. 손으로 무게를 느껴보고, 만져보고 손등이나 팔 위로 굴려가며 촉감을 느껴본다. 내 경우 손가락 끝으로 솔잎을 건드려서 뾰족한 느낌을 느껴보고 언어로 표현할 때도 있다. 이제 천천히 눈을 감고 물건을 코밑으로 가져가서 천천히 숨을 들이키며 향을 맡아보자. 호흡의 리듬을 유지하면서 1~2분 정도 향을 맡아보자. 향이 마음에 든다면 좀 더 오래 맡아도 좋다. 나는 더 많은 향이 퍼져 나오도록 솔잎 가시를 몇 번 문지른다. 과일을 골랐다면 한 입 깨물어서 과육과 과즙이 혀와 이에 닿는 촉감을 느껴보자. 맛을 보고 입 안의 감각을 느끼면서 천천히 삼켜보자. 음식물이 목구멍으로 넘어가는 것을 느껴보자.

4. 호흡 조절 : 물건을 내려놓고 두 번째 단계를 3~5회 반복한 뒤 서서히 눈을 뜬다.

위와 같이 감각 기관을 자극하는 도중에 한눈을 팔았다는 느낌이 들면 자기도 모르게 자책할 수 있다. 이럴 때는 간단히 말해보자. "아이, 그래도 나아졌네. 한눈판 걸 알아챘으니!" 그리고 다시 한 번 손에 들고 있는 물건의 모습, 촉감, 냄새 그리고 맛에 집중해본다.

40여 년 동안 뇌파 연구에 종사한 레스 페미Les Fehmi 박사가 제시한 주의력 훈련법의 핵심 역시 시각, 청각, 촉각, 후각, 미각, 시간 감각, 방위 감각, 생각 감각, 자아 감각 등의 감각 기능을 잇달아 각성시키는 데 있다. 몇 분 동안 주변 환경과 몸에서 일어나는 일에만 관심을 기울이는 것이다. 현재로 돌아오기 위한 효과적인 기술로 사용해볼 만하다.

근래 많은 사람이 명상, 마음챙김, 좌선 등에 도전한다. 그런데 명상 같은 경우 요구되는 자세가 있어 많은 사람이 고민에 빠진다. 한 내담자가 말했다.

"명상으로 이완 연습을 해본 적이 있는데요. 저한테는 별로 쓸모가 없더라고요. 몇 개월 연습했는데 몇 분만 지나도 힘들어지기 시작하고 온몸에서 땀이 나요. 그러면 머릿속에서 '내 방법이 잘못 됐나' '다른 사람도 나처럼 힘들까' '나는 왜 이렇게 못하지?' 이런 문제로 생각이 확 넘어가버려요."

내 생각은 이랬다. "그렇다면 명상이 아니라 자기 의심을 연습한 겁니다!"

나는 그 내담자에게 뇌신경과학의 각도에서 보면 우리가 관심을 기울이는 것, 반복해서 생각하는 것이 바로 대뇌의 끊임없는 자기강화self-reinforcement라고 알려줬다. 그러므로 연습 도중에 반복적으로 자신을 의심하면 이완은커녕 습관적으로 자신을 의심하는 연습을 하는 셈이 된다.

지금 이 순간으로 돌아오는 기술을 익혔다면 이번에는 새로운 생각 관찰 기술을 연습해보자. 헤이스 교수는《마음에서 빠져나와 삶 속으로 들어가라Get Out of Your Mind and Into Your Life》에서 각종 생각 관찰 기술을 추천한다.

• 생각 관찰법

1. 호흡 조절 : 편하게 느끼는 공간과 자세를 찾아보자. 서 있어도 되고 앉아 있어도 되며 누워 있어도 된다. 천천히 눈을 감고 복식 호흡으로 호흡을 고른다. 코로 서서히 숨을 들이마시고 공기가 들어옴에 따라 부풀어 오르기 시작하는 복부에 주의를 기울인다. 복부가 더는 부풀어 오를 수 없을 정도가 되면 입으로 천천히 숨을 내뱉고 숨을 내뱉는 시간이 숨을 들이쉬는 시간에 비해 훨씬 더 길어지도록 평온한 속도를 유지하는 데 주의한다. 숨을 내뱉을 때 숨이 스치고 지나가는 느낌에 주의하면서 날숨의 소리에 귀를 기울인다. 같은 속도를 유지하면서 3분 동안 호흡한다.

2. 생각 관찰 : 호흡의 리듬을 유지하면서 녹음이 넘쳐흐르는 강가에 왔다고 생각해본다. 강물이 먼 숲에서 굽이굽이 흘러내려와 녹지의 품에서 먼 곳으로 서서히 흘러내려간다. 때때로 수면 위로 떨어진 낙엽들이 작은 배처럼 물결을 따라 흘러간다. 이 모든 걸 상상해보라. 이제 생각에 주의를 기울여 모든 생각을 물결치는 대로 흘러가는 낙엽 위에 적거나 그리거나 투사한다. 예를 들어 '이런 생각이 들어. 이런 연습은 정말 따분하다는 생각' 또는 '이런 생각이 들어. 이명耳鳴이 왜 이렇게 크지?' 이런 생각들을 낙엽 위에 적고 낙엽이 흘러가는 모습을 지켜본다. 이때 낙엽을 통제하려 해서는 안 된다. 다음 생각이 떠오를 때까지 계속해서 표기해나간다.

3. 관찰 종료 : 3분 동안 생각을 관찰한다. 그다음 다시 호흡에 3~5회 주의를 기울인다. 몸의 자세를 느껴보고 침대 또는 앉은 자리나 땅에 닿는 감촉을 느낀 다음 서서히 눈을 뜨며 연습을 종료한다.

4장. 복잡한 생각을 멈추는 법

이때도 주의해야 할 점이 있다. 우리는 생각을 관찰하는 연습을 하려는 것이지 심판하려는 것이 아니다. 하지만 막상 연습을 시작하면 생각을 평가하기 쉽다. '어떻게 이런 생각을 할 수 있지?' '지금 맞게 하고 있는 건가?' '진짜 따분하다. 이게 다 무슨 소용인지 모르겠네' 등등 말이다. 자기 생각을 심판하고 있다는 생각이 들면 그 생각과 싸우려고 하지 말고 그걸 하나의 생각으로 간단히 표시한 뒤 다음 생각을 계속 관찰해나가면 된다. 정신을 다른 데 팔고 있다는 사실을 알아챌 때 역시 이 상황과 싸워서는 안 되고 이를 일종의 생각으로 표기하면 된다. 가령 '이런 생각이 드네. 점심으로 뭐 먹지?'처럼 말이다.

어떤 생각이 나타나면 간여하려 하지 말고 다음 생각이 떠오르기 전까지 그저 그 생각을 바라본다. 파란 하늘에 흰 구름이 지나가는 모습을 보는 것처럼 보고 관심을 기울이되 이 생각을 통제하려는 어떤 노력도 하지 말아야 한다.

이런 생각 관찰 기술을 탄력적으로 습득하고 나면 각종 낙인찍기식 생각도 더 효과적으로 처리할 수 있다. 이를테면 이런 식이다.

버림받았어 → 내가 버림받았다고 생각했다는 걸 알아차렸어.
모욕당했어 → 내가 모욕당했다고 생각했다는 걸 알아차렸어.
거절당했어 → 내가 나 자신을 아무 가치 없는 사람으로 생각한다는
　　　　　　걸 알아차렸어.
무시당했어 → 내가 무시당했다고 생각했다는 걸 알아차렸어.

나는 늘 사람들에게 말한다. 심리적 문제에서 벗어나려면 생각

을 통제하는 게 아니라 받아들여야 한다고. 어떤 바람이나 갈망도 없이 어떤 스트레스도 받지 말고 그저 객관적으로 관찰하는 것 말이다. 솟아오르는 태양을 보듯 저무는 저녁노을을 보듯 아니면 꽃 한 송이, 구름 한 조각을 관찰하듯 통제하기를 포기할 때 비로소 진정한 통제력을 얻을 수 있다.

감정은 행동을 직접 결정한다. 그래서 감정에 빠져 있을 때는 유익한 행동을 하기가 아주 힘들다.

"선생님, 제가 알고 싶은 건 그 사람이 저를 사랑한 적이 있을까 하는 거예요. 저한테 솔직히 알려주실 수 없나요? 그 사람이 저를 사랑하긴 했을까요?"

"지금 너무 힘들어요. 아무것도 생각하고 싶지 않고 아무것도 하고 싶지 않아요. 제가 어떻게 해야 할지 가르쳐주세요."

이렇게 말하는 내담자와 상담할 때 나는 보통 명확하게 판단을 내리거나 어떤 행동을 하라고 권하지 않는다. 이때 내담자에게 필요한 건 정답도 권유도 아닌 감정이 이입된 경청이다. 그들의 불안을 경청하고 그들의 고통을 느껴보는 것이다.

내 생각이 감정을 결정한다

같은 사물을 놓고도 개념이 달라지면 느낌이 전혀 달라진다. 이를테면 색이 벗겨진 도기 인형이 길가에 아무렇게 놓여 있다고 생각해보라. 누구도 눈길 한 번 주지 않을 것이다. 하지만 전문가가 이것이 진시황의 병마용이라고 소개하면 진귀한 보물이라도 본 듯 소중히 여길 것이다. 우리는 세상, 자아, 타인을 개념에 근거해 인지한다. 이런 각도에서 보면 생각은 감정에 결정적인 영향을 끼친다.

본대학교의 베른트 베버Bernd Weber 교수가 대뇌 MRI 촬영을 통해 이를 증명해냈다. 우선 피실험자는 MRI 촬영 기기에 누워서 빨대로 두 가지 포도주를 맛보고 화면에 띄어진 포도주에 관한 소개글을 봤다. 피실험자는 사실 동일한 포도주를 마셨으나 화면에서 비싸고 아주 귀한 포도주라는 소개가 올라올 때는 대뇌에서 행복과 보상을 주관하는 부위에 신년 축하 장식등처럼 불이 켜졌다. 피실험자 역시 즐거운 시간을 보냈으며 포도주 맛이 정말 괜찮았다고 얘기했다. 그러나 슈퍼에서 구매한 평범한 포도주라는 소개 글을 봤을 때는 해당 대뇌 부위가 아무런 반응을 하지 않았다. 이처럼 생각은 실제로 생리적으로 또 심리적으로 변화를 일으킨다.

상담을 하러 온 수많은 내담자가 과거의 생각이나 고정관념에 발이 묶여 있다. "아버지와의 관계를 개선하고 싶습니다. 아버지도 이제 늙으셨으니까요. 하지만 전 아버지를 증오해요. 저한테 너무 큰 상처를 남겼으니까요." 아버지에 대한 생각이 변하지 않은 상태에서 관계를 개선하고 싶다는 소망은 이뤄지기 힘들다. 생각이 변하지 않으면 관계와 감정은 정말이지 변하기가 어렵다.

생각은 감정을 결정할 뿐 아니라 확대하기도 한다. 하버드대학교의 커트 그레이Kurt Gray와 대니얼 웨그너는 학생들을 모집해 다음과 같은 실험을 했다. 이들은 학생들에게 전기 충격 장치를 연결한 다음, 연속으로 다섯 번 통증을 유발하는 전기 자극을 줬다. 그중 절반의 피실험자에게는 누군가가 다른 방에서 본인에게 전기 자극을 주고 있는데 그 사람은 이 사실을 모른 채 악의 없이 그냥 버튼만 누르고 있다고 알려줬다. 실험이 끝난 뒤 피실험자들은 맨 처음 자극은 매우 고통스러웠지만 두 번째 자극부터는 서서히 통증이 약해졌다고 얘기했다. 반면 나머지 절반의 피실험자들에게는 옆방에서 누군가 일부러 본인에게 전기 자극을 주고 있다고 안내했다. 그랬더니 학생들은 첫 번째 자극이 지옥 같은 고통을 유발했으며 두 번째 통증은 첫 번째와 마찬가지로 아팠고 세 번째, 네 번째, 다섯 번째에 이르자 더는 참을 수 없는 지경이 됐다고 얘기했다. 매번 똑같은 전기 자극이었지만 생각에 따라 고통의 강도가 다르게 인식된 것이다.

다음 장부터는 감정에 초점을 맞춰 어떻게 감정을 존중하고 받아들일지 함께 체험하면서 감정의 통제에서 벗어나 내적 소모에서 빠져나올 수 있는 행동을 소개하겠다.

연습해보자

다음에 열거된 사람들에게 효과적인 제안을 해주고 이들이 마음의 고통에서 빠져나오도록 도울 수 있을까?

1. **열일곱 살 고등학생** : 저는 아주 기이한 상태에 빠져 있습니다. 어떻게 해야 할지 모르겠어요. 예를 들면 지금 성적이 좀 떨어진 상태인데 학원에서 아주 유용한 문제 풀이 방법을 배울 때마다 이런 생각이 들어요. '학교에서 친구가 문제 풀이 방법을 물어봐서 가르쳐줬는데 계속해서 내 노트나 학원에서 받은 자료를 보여 달라고 하면 어떡하지? 그 바람에 걔가 나보다 성적이 좋아지면 어떡하지?' 하지만 물어보는데 대답을 안 해줘도 마음이 불편할 것 같아요. 어떻게 해야 이런 생각에서 벗어날 수 있을까요?

2. **혼자서 아이를 키우는 서른두 살 여성** : 남자는 조금도 못 믿어요. 벌써 20여 년이 지났는데도 여전히 여덟 살부터 열 살까지 3년 동안 겪은 나쁜 경험에서 벗어나지 못해요. 밤이면 늘 악몽을 꾸다 잠에서 깨요. 방문 뒤에서 딩동 소리가 들릴 때마다, 시골의 키 낮은 단층집을 볼 때마다, 어두컴컴한 방 안을 바라보고 있노라면, 온몸이 부들부들 떨리고 제가 저를 어떻게 할 수가 없어요. 또다

시 그 3년의 악몽 속으로 돌아간 것만 같아요.

3. 스물다섯 살 직장인 : 겉보기에 전 괜찮아요. 온종일 하하호호거리고 있으니까요. 하지만 사실은 조금도 괜찮지 않아요. 고등학생 때부터 조금씩 허튼 생각을 하는 습관이 생겼고 뭘 할 때면 늘 마음이 딴 데 있다는 느낌을 받았어요. 그 바람에 첫 대입에서 실패를 맛봤죠. 대학에 들어간 뒤에도 공부만 했다 하면 잡생각이 들고 머리가 아팠어요. 지금은 회사에서 일에 집중하기가 너무 힘들 때도 있어요. 정말 달라지고 싶지만, 어떻게 이 곤경에서 벗어날 수 있는지 모르겠습니다.

4. 열아홉 살 대학생 : 식욕을 전혀 통제할 수 없어요. 남자친구와 헤어졌을 때만 떠오르면 견딜 수 없이 마음이 아파요. 군것질 없이는 고통을 달랠 길이 없어요. 아픈 과거 앞에서 제가 어떻게 해야 할지 알려주실 수 있나요?

5. 스물두 살 대학생 : 방학을 이용해서 운전면허 시험을 준비했는데 생각지도 못하게 장내 주행에서 네 번이나 떨어져서 오늘 그야말로 멘붕이 오고 말았어요. 한 번 더 기회가 남아 있는데 다시 가서 시험 볼 엄두가 안 나요. 부모님께 말할 엄두도 나지 않고요. 처음으로 제가 멍청하다는 생각이 들더라고요. 머릿속이 온통 '어쩜 이렇게 멍청할까' 하는 생각뿐이에요. 미쳐버릴 것 같아요. 도대체 어떻게 해야 할까요?

6. 열일곱 살 고등학생 : 곁눈질 공포증이 있어요. 수업 시간에 늘 어떤 애가 절 보고 있을까 봐 걱정해요. 그래서 저도 모르게 잠깐잠깐 그 아이를 흘긋거려요. 걔가 절 주시하고 있는지 확인하려고요. 이제는 그 아이도 제가 자기를 흘긋거린다는 걸 알아채서 엄청 기분 나빠하고 있어요. 그러다 보니 전 더 긴장되고, 걔가 절 주시하고 있는지 더 확인하고 싶어져요. 어떻게 해야 할까요?

7. 스물세 살 의대생 : 좋아하기는커녕 심지어 두려워하는 의학을 공부하다 보니 스트레스가 어마어마한데, 그 상태에서 온갖 시험을 준비하는 중이에요. 부모님이 결정한 전공이기는 하지만, 학교에서 괜찮은 선생님들을 많이 만났어요. 문제는 제가 받는 스트레스를 부모님이 아시고 전공을 바꿔도 된다고 하시는데 제 고민이 너무 크다는 겁니다. 전 하려면 제대로 다 하고 아니면 아예 하지 말아야 한다고 생각해요. 하지만 노력을 많이 했는데도 수확이 없을 때는 무력감이 들어요. 노력했는데도 수확이 없으면 포기하는 게 낫지 않나 그런 생각이 들어요. 매일 이런 문제로 갈등해요. 너무 극단적이고 너무 비관적이에요. 어떻게 해야 할까요?

감정과 이성을
조화롭게 쓰는 법

자기감정을 잘 통제하는 사람이
도시 하나를 거머쥔 장군보다
훨씬 더 위대하다.

나폴레옹

흔히 내담자들은 상담 과정에서 불쾌한 감정을 자신의 적으로 본다. '즐거워야만 해' '내가 고통스러워할 이유가 없어' 등의 자기와의 대화로 불쾌한 감정을 누르거나 여기에서 벗어나고 싶어 한다.

어떤 아이가 이렇게 말한다고 해보자. "답답해하면 안 된다는 것도, 화낼 이유가 없다는 것도 알아요. 부모님이 절 위해 많은 노력을 해주시고 이 모든 걸 다 준비해주셨는데 걱정할 게 뭐 있겠어요. 행복해야 하는 게 맞아요."

아니면 슬픔에 빠진 아내가 남편에게 이렇게 말한다고 해보자. "정말 미안해. 내가 이렇게 계속 나쁜 생각만 해서는 안 되는데 당신이 이렇게 날 응원해주는데 행복하다고 느껴야 하는데……."

또는 실망한 엄마가 아이를 큰 소리로 꾸짖는다고 해보자. "넌 불만이 뭐니? 엄마는 네가 원하는 건 다 해줬어. 그런데 왜 허구한 날 울적한 거야?"

감정의 세계에서 '해서는 안 돼'와 '해야 해'라는 식의 강박적인 생각은 지속적인 자기와의 싸움과 심신의 소모를 유발해 결국 진정한 나와 멀어지게 만든다. 이런 강박적 생각 탓에 특정 감정은 반복해서 느끼고 표현하게 되는 한편 또 다른 특정 감정은 회피하게 된다. 감정 소모에서 벗어나려면 내가 어떤 감정을 회피하려고 하는지 명확히 관찰해야 한다.

몇 년 전, 세 살 난 아들을 데리고 병원에 진찰을 받으러 간 적이 있다. 채혈 창구 앞에서 아이는 엄청 긴장해 있었다. "아빠, 주사 맞기 싫어." 나는 쭈그리고 앉아서 떨리는 아이의 손을 잡아당겼다.

"알아. 주사 맞기 싫어하는 거. 아플 테니까, 그렇지?"

"저번에 간호사 선생님이 손가락을 찔렀는데 엄청 아팠어." 아이는 채혈 창구를 쳐다보며 떨었다.

"그래. 저번에 간호사 선생님이 손가락을 찔렀는데 엄청 아팠지. 선생님이 무서운 거구나. 그럼 어떻게 하고 싶어?"

"아빠가 안아줘."

"당연하지. 네가 할 수 있는 게 뭐가 더 있을까?"

"선생님한테 좀 살살 놓아달라고 말할까?"

"아주 좋은 생각이네. 네가 선생님한테 이야기해보겠니?"

나는 아들을 안고 채혈 창구 앞에 섰고 아들은 이렇게 말했다. "선생님, 바늘 살살 찔러줄 수 있어요?"

아이의 울먹임 섞인 질문을 들은 간호사가 부드럽게 대답했다. "그래, 살살 놔줄게. 모기한테 물린 것 같을 거야."

아들은 천천히 제 손을 죽 뻗었다. 아들에게 이건 성장의 과정이었다. 바늘에 찔리는 고통 앞에서 아이는 도망치고 싶었지만 공포라는 자기 감정을 표현함으로써 이성의 뇌를 일깨우는 데 성공했고 적극적으로 해결 방법을 찾아 나서기 시작했다. 그리고 결국 고통을 받아들인 뒤 목표를 향해 나아가는 방법을 찾아냈다. 나한테 안아달라고 했고 간호사에게 원하는 바를 전했다.

심리적 문제 앞에서 내담자 대다수가 문제를 대면하고 해결 방안을 찾으려 한다. 하지만 감정을 관리하는 일에 종사하는 나는 내담자가 택한 해결 방안이 문제 해결은커녕 문제를 가중시키는 상황을 자주 본다.

피하지 마라, 공포도 다루기 나름

공포는 포유류의 방어 체계로부터 유래된 감정이다. 인간의 삶, 문화, 사회가 본질적으로 모두 공포와 대항하는 과정에서 형성된다. 공포에 대항하는 심리와 행동은 개인에게서 더 뚜렷하게 나타난다. 예를 들어 타인 앞에서 약한 모습을 보이는 게 두려워서 늘 강하고 꿋꿋한 모습을 보인다. 죽음과 미지의 도전 같은 불확실한 개념을 두려워하며 늘 모든 걸 통제하려고 한다. 완벽을 추구하고 아무리 작은 문제도 용인하지 못하는 경우도 그 근본 원인은 다 공포에 있다. 모든 게 다 괜찮은 척하면서 실제 감정을 인정하지 않고 실제 자신과 대면할 엄두를 내지 못하는 것도 마찬가지다.

초조와 공포는 본질적으로 동일하다. 초조는 미래에 대한 두려움으로 초조의 핵심은 역시 공포다. 상대가 거절하면 어떡하지? 사장이 내 생각을 비웃으면 어떡하지? 내가 잘 못해서 경기에 지면 어떡하지? 신경 써서 살펴보면 일상 속 이런 공포를 아주 쉽게 발견할 수 있다. 진화의 영향으로 공포를 식별하고 신속하게 반응하는 것이 인간 생존의 첫 번째 본능이 됐다.

공포는 심리적 측면에서 자아를 강화할 수 있다. 한 연구에서 불안이 심한 피실험자는 우호적인 목표물보다 위협적인 목표물을 훨씬 더 정확하게 탐지해냈다. 하지만 한번 위협적인 자극물에 주목하면 다시 다른 사물에 주목하기까지 시간이 오래 걸린다. 2002년 심리학자 일레인 폭스Elaine Fox, 리카르도 루소Riccardo Russo, 케빈 더턴Kevin Dutton은 공포와 초조 상태에서는 아주 쉽게 주변의 위협적인 사건을 알아차리게 되는데 이것이 융통성 있게 주의력을 안배하는 것을 방해한다고 지적했다.

사람들은 종종 공포를 처리하기 위해 습관적으로 통제와 예측에 도움을 구하거나 위험 회피 전략에 손을 내민다. 하지만 삶은 늘 통제할 수 없고 예측할 수 없는 일들로 가득하며 갑작스러운 일도 피할 수 없는 경우가 흔하다. 인간은 의도적으로 공포 대상을 무시할 수 없다. 대뇌 편도체가 자동으로 위협을 검색하고 주의를 그쪽으로 집중하도록 유도한다. 이렇게 고도로 활성화된 주의력을 다른 곳으로 이동시키기란 매우 어렵다. 특히나 공포의 원인이 내 안에 있다면 더욱 빠져나오기가 힘들고 만약 그런 상태가 오래가면 불안과 비슷한 심리 상태가 된다. 그러므로 불안 문제를 해결하려면 일단 공포에 집중하는 뇌의 활동을 알 필요가 있다.

공포를 유발하는 요인은 두 가지가 있다. 첫째는 현실의 위협으로 야외에서 사나운 호랑이와 맞닥뜨리는 경우다. 두 번째는 상상이 야기한 위협으로 예전에 사나운 호랑이와 맞닥뜨렸던 경험을 회상하고 그때의 강렬한 감정을 다시 느끼는 경우다. 이 경우의 공포는 생리적 체험과 사고 활동으로 더 많이 표현된다.

그래서 공포를 처리하려면 생리적 느낌과 그 배후에 자리한 생각, 이 두 가지를 모두 겨냥해야 한다. 한편 현실의 위협은 강렬한 신체 반응에 초점을 맞춰 호기심, 호흡 조절과 같은 진화의 기본적인 힘을 빌려 처리하면 된다. 그와 관련한 실험 하나를 소개한다.

루뱅카톨릭대학교에서 실험정신병리학을 연구하는 피에르 필리포Pierre Philippot, 가에탄 샤펠Gaëtane Chapelle 그리고 리에주대학교의 실비 블레어리Sylvie Blairy가 두 단계로 이루어진 실험을 설계했다.

첫 단계에서 피실험자들은 회상을 통해 기쁨, 분노, 공포, 슬픔 등 네 가지 정서를 자극했고, 실험자들은 피실험자들이 각각의 감정에 빠져 있을 때의 호흡 패턴을 측정했다. 호흡 패턴에는 호흡 속도와 진폭, 폐의 운동 등이 포함됐다. 피실험자들은 공포를 느낄 때 호흡이 짧고 가빠지며 폐의 운동이 주로 윗부분에 집중됐다.

두 번째 단계에서 실험자들은 피실험자들에게 호흡 패턴이 심혈관에 끼치는 영향을 연구 중이라고 알렸다. 그리고 첫 번째 실험에서 정리되어 나온 호흡 패턴에 따라 호흡을 해달라고 했다. 특정 패턴으로 호흡한 뒤 피실험자들은 실험자의 요구에 따라 질문지에 답을 달았다. 질문지에는 실험 과정 중의 정서적 반응이 포함되어 있었다.

결과는 아주 명확했다. 호흡 패턴에 따라 그에 상응하는 정서적 반응이 유발되어 기쁠 때의 호흡 패턴을 하면 정말로 기쁨을 느낀 것이다. 이는 신체 반응을 조절하면 그에 따른 정서를 가질 수 있다는 것을 의미한다. 이제 공포를 효과적으로 관리하는 네 가지 열쇠를 살펴보자.

• 공포 받아들이기 기술

1. 받아들이기 : 공포를 느낄 때 이렇게 말해보자. '좋아. 공포를 느꼈어. 난 내가 공포를 느꼈다는 걸 받아들일 수 있어.' 가능하다면 자리에서 일어나 몸을 활짝 펴면서 이 말을 하는 것도 좋다. 마치 자연의 모든 것을 환영하듯 양다리를 살짝 벌린 채 몸을 곧게 세우고 두 팔을 펼쳐 가슴을 펴고 고개를 든다.

2. 감지 : 몸에서 일어나는 변화를 감지한다. 몸을 쫙 편 상태에서 눈을 서서히 감고 자신에게 가볍게 물어본다. '공포가 내 몸에 어떤 변화를 가져왔을까?' 그다음 호기심을 갖고 공포를 느끼는 중에 몸에서 일어나는 변화를 감지한다. 얼굴 근육이 경직된다든가 몸이 긴장한다든가 땀이 흐른다든가 호흡이 얇고 짧으며 가쁘다든가 도망치고 싶은 욕망이 강렬해진다든가. 이 모든 걸 감지할 뿐 어떤 판단도 평가도 하지 않는다. 잠시 다른 생각에 빠졌다면 자책할 필요 없이 간단히 일러준다. '잠깐 한눈을 팔긴 했지만 계속 공포를 감지할 수 있어.' 그렇게 이어서 몸의 변화를 감지한다.

3. 이완 : 서로 다른 신체 부위의 변화와 반응을 훑어보듯 감지한 뒤 개방적인 몸의 자세를 유지한 채 코로 천천히 숨을 들이마시면서 속으로 1, 2, 3, 4 숫자를 센다. 복부가 조금씩 부풀어 오를 것이다. 그다음 입으로 서서히 숨을 내뱉으면서 속으로 1, 2, 3, 4, 5, 6 숫자를 세면 복부가 차차 수축할 것이다. 이 연습을 3분 동안 지속하다가 복식 호흡을 익히면 숫자 세기를 멈추고 호흡에 집중한다. 연습 과정에서 다른 생각이 들어도 '한눈팔았네' 하고 가볍게 생각하고 연습을 이어나간다.

4. 행동 : 내면의 고요가 느껴지면 서서히 눈을 뜨고 자신의 가치관에
   따라 행동한다.

공포에 대한 생리적 느낌을 효과적으로 처리한 다음에는 이를 토
대로 사고 활동을 처리해야 한다. 예를 들어 뱀을 무서워하는 사람은
아마 뱀이 나오는 사진이나 글을 보면 공포를 느낄 것이다. 그러한 사
고 활동을 처리하는 가장 효과적인 방법은 앞에서 말한 생각 처리 기
술이다. 긴장되면 '무서워하지 마'라고 하거나 '이게 뭐가 무서워!' 하
며 자신을 억누를 게 아니라 '아이고, 긴장하니까 무섭다는 생각이 드
네' 하며 자신을 관찰하고 자신의 생각을 알아채는 것이다. 이때는 동
작도 바꿔야 한다. 마치 공포를 환영하듯 두 팔을 쫙 펴 포옹하고 마
저 하던 일을 계속함으로써 자신의 가치관을 실현하는 것이다.

좀 더 흥미로운 방식으로 공포를 처리하고 싶다면, 아래에 제시
한 인지 융합 방법으로 공포의 개념이나 이미지에 참신하고 웃긴 함
의를 부여해보는 것도 괜찮다.

• 공포 이미지 다시 세우기 기술

1. 받아들이기 : 뱀, 거미 등 자신이 무서워하는 이미지와 마주할 준
   비를 한다. 그게 죽음처럼 특정 개념이라면 그 개념에 하나의 이미
   지를 부여한다.
2. 즐거운 이미지 찾기 : 보는 즉시 즐거워지는 게 있다면 무엇일까?
   장난스러운 표정이나 웃긴 장면처럼 당신에게서 웃음을 이끌어내
   는 이미지를 찾아보자.

3. 공포 이미지 재건 : 눈을 감고 무서운 이미지와 웃긴 이미지를 결합해보자. 스폰지밥의 얼굴을 한 뱀처럼 공포의 대상을 즐거운 이미지로 바꿔보는 것이다. 그 부자연스러운 조합을 느껴보고 내면의 즐거움을 경험한다.
4. 행동 : 스스로에게 '난 나의 공포를 대면하고 처리할 수 있어'라고 말해준 다음 자신의 가치관에 따라 행동한다.

딸아이가 아홉 살이었을 무렵 예전에 혼자 잠을 잘 때 느꼈던 공포에 대해 이야기한 적이 있다. "나도 내가 뭘 무서워한 건지는 모르겠지만 정말 무서웠어."

나는 호기심에 물어봤다. "그걸 어떻게 극복했어?"

딸은 아주 자랑스럽게 말했다. "아빠가 얘기해준 방법들이 나한테는 쓸모가 없더라고. 나한테는 내 방법이 있어."

"오, 어떻게 했는지 이야기해줄래?"

"무서울 때마다 뭔가가 덩어리째로 내 앞에 있다고 상상한 다음 그 덩어리와 악수를 하고 걔한테 이렇게 말해. '나 놀라게 하지 마. 우리 사이좋은 친구가 돼서 같이 놀자' 그러고 나니까 무섭지 않았어."

당신도 내 딸처럼 책에서 추천한 방법이 맞지 않을 수 있다. 하지만 공포를 용감하게 대면하고 받아들일 수 있는 태도만 지킨다면 내 딸처럼 얼마든지 본인에게 맞는 해결 방안을 찾아낼 수 있을 것이다. 어쩌면 당신은 초조와 공포를 대면할 때 생각을 처리할 필요도, 복식 호흡을 할 필요도 없을 수 있다. 정서를 받아들이고 효과적인 문제 해결 방안을 스스로 찾아보는 것이 중요하다.

내가 손해보지 않기 위한 분노 조절

분노는 흔한 감정 중 하나다. 분노가 향하는 곳은 내부, 외부를 가리지 않는다. 어떤 때 우리는 주변 사람이 터뜨린 분노에 깜짝 놀라기도 한다. "저 사람 성격이 저렇게 나빴나?" 하고 말이다. 그런데 그 사람이 정말 성격이 나쁜 걸까?

폴 에크먼 등 세계적으로 저명한 심리학자들은 분노를 원초적 감정으로 분류하지만 나는 상담을 하면서 분노는 공포와 달리 사고 활동의 결과라는 사실을 깨달았다. 한 사례를 통해 분노가 일어나는 다섯 가지 단계를 따라가보자.

밥 먹을 시간인데 아들이 한참 신이 나서 놀고 있다.

아빠 : 아들, 밥 먹어.

아들 : 잠깐만요. 지금 게임하고 있어요.

아빠 : 얼른. 다들 너 기다리잖아. 게임 그만하고 와.

아들 : 잠깐만 기다려 달라고 했잖아요. 지금 게임하고 있다니까요.

아빠 : 계속 말 안 들으면 아빠 화낼 거야.

아들 : 아빠는 왜 제 말을 이해 못하세요?

아빠 : 얼른 와. 밥부터 먹으라고. 계속 말 안 들으면 핸드폰 갖다 버릴 거야.

아들 : 잠깐만 기다려 달라고 했는데 아빠 정말 사람 엄청 짜증 나게 하네요.

이 대화에서 아빠와 아들은 서서히 화가 나고 말았다. 어떤 과정으로 이렇게 된 걸까?

1단계 : 우울

분노가 나타나기 전 일단 우울이 먼저 나타난다. 욕구가 만족되지 않을 때 가장 먼저 나타나는 게 바로 우울이다. 위 사례에서 아버지의 욕구는 아이가 밥을 먹는 것이었다. 아이가 이를 거절하자 아버지는 우울을 느꼈다. 한편 아이의 욕구는 게임을 더 하고 싶은 것이었다. 아버지가 반복해서 재촉하자 아이도 우울을 느꼈다.

2단계 : 되돌아보기

우울해지면 자신에게 목표를 추구할 권리가 있는지 되돌아보게 된다. '난 이걸 얻어야 해' '난 반드시 이걸 해야 해' '난 이걸 가질 권리가 있어' 등과 같은 생각을 하게 된다. 어떤 목표를 추구할 권리가 있음에도 저지당했다는 생각이 들면 3단계 슬픔을 느끼게 된다.

3단계 : 슬픔

마땅히 누릴 권리를 빼앗겨서 초래되는 무력감, 상실감은 슬픔을 초래한다. 위 사례에서 아들은 게임을 포기해야 하는 슬픔을, 아빠는 아이를 통제할 수 없는 슬픔을 느꼈다. 그렇지만 대다수의 사람은 이런 무력감이 초래한 슬픔을 받아들이지 못한다. 그래서 자신이 무력하다고 생각하며 슬퍼하는 대신 원인을 외부에서 찾으려 한다.

4단계 : 심판

슬픔을 피하기 위해 타인의 의도를 해석하기 시작하고 타인의 방해를 위협과 적의로 본다. 이런 방해에 대응하기 위해 상황을 바꿀 힘을 찾기 시작하는데 이게 바로 분노다. 아빠와 아들은 상대방이 고의로 본인의 욕구를 방해하고 있다는 생각에 상황을 바꿀 힘을 찾았고 분노가 나타났다.

5단계 : 질책과 징벌

우리는 분노를 느끼면 타인을 질책하고 심지어 공격하고 징벌한다. 어째서일까? 원인은 아주 간단하다. 그렇게 하면 타인을 변화시킬 수 있다고 생각하기 때문이다. 아빠는 아들에게 핸드폰을 갖다 버리겠다고 위협하고 아들은 아빠에게 사람을 정말 짜증 나게 한다고 비난한다.

이 다섯 단계 중 앞의 네 단계는 분노가 발전하는 과정이다. 마지막 5단계에 이르면 분노가 최종적으로 모습을 드러낸다. 바꿔 말하면 앞의 네 단계가 없으면 분노는 모습을 드러내지 않는다. 예를 들어 1단계에서 더 놀고 싶다는 욕구가 없었다면 아이는 우울해하지 않았을 것이다. 아이를 통제하려는 마음이 없었다면 아버지도 우울해하지 않았을 것이다. 2단계에서 아버지가 아이를 통제할 권리가 있다고 생각하지 않았거나 아이가 식사 시간에 놀면 안 된다고 생각하지 않았다면 슬픔과 분노는 나타나지 않았을 것이다. 3단계에서 아버지나 아들이 '안 되겠다' 하고 슬픔을 받아들였다면 분노가 생성될 힘을 잃었을 것이다.

그래서 분노는 성격적 특징, 즉 성격이 나빠서라기보다는 일종의 능동적인 선택적 습관이다. 욕구를 실현하는 과정에서 방해를 받을 때 좌절감에 불만을 표현하는 것이 분노이기 때문이다. 분노를 통해서 방해받은 욕구를 조금이나마 만족시키는 것이다.

분노가 생존에 도움이 되는 적응적 감정인가를 묻는다면 대답은 '그렇다'이다. 분노가 위협 앞에서 자신의 이익을 지켜주는 필수 무기가 될 때가 있다. 분노가 정당하지 않은, 비적응적 감정인가에 대한 물음에도 대답은 '그렇다'이다. 어쨌거나 분노에 긍정적인 기능이 있기는 해도 심각한 문제가 있는 것도 사실이다. 사람들이 분노를 좋지 않은 감정으로 보는 중요한 이유는 분노가 우리의 지능과 행동에 영향을 주기 때문이다.

강렬한 분노에 빠지면 엔도르핀이 대뇌 신피질을 무력화해버려 이성의 뇌가 무력해지고 감정의 뇌가 의식을 지배하게 된다. 감정의 뇌, 즉 포유류의 뇌는 다섯 살에 완성되어 성숙해진다. 그러므로 분노에 빠지면 지능 수준이 다섯 살 이전으로 돌아간다고 볼 수 있다. 뇌과학자이자 신경생물학자인 야크 팬크세프Jaak Panksepp는 감정의 뇌에 비해 이성의 뇌는 스물여섯 살이 돼야 다 자라고 성숙한 단계에 접어든다고 지적한다. 한편 분노는 정보 수용 능력도 제한한다. 분노에 빠지면 뇌는 분노의 이유를 지지해주지 않는 정보를 신속하게 거부한다. 선택적으로 정보를 수용해서 실제 세계와 자아를 왜곡한다.

심리학자 로이 바우마이스터Roy Baumeister는 분노가 지능을 떨어뜨리고 인지를 왜곡시키며 형편없는 결정을 내리게 한다고 지적한다.

심리학자 데이비드 맥밀런David W. McMillan 역시 분노의 가장 심각한 문제는 통제 불능 상태에 빠지는 게 아니라 멍청해지는 것이라고 본다. 분노에 빠지면 자신이 멍청하지 않다는 것을 증명하기 위해, 소위 자신의 행동을 정당화하기 위해서 온갖 이유를 꾸며댄다.

효과적으로 분노를 관리하려면 두 가지 방면으로 노력하면 된다. 첫째는 자제력을 높이는 것이다. 범죄학자와 사회학자들은 자제력이 극단적으로 낮아질 때 분노에 빠져 범죄를 저지를 가능성이 있다는 가설을 오랫동안 지지해왔다. 당연한 말 같지만 분노를 제대로 자제하기란 결코 쉽지 않다. 다음의 여섯 가지 비결이 도움이 될 것이다.

1. 자주 쓰지 않는 손 쓰기

뉴사우스웨일스대학교 심리학과 토머스 댄슨Thomas F. Denson 교수는 지원자를 두 그룹으로 나눠 한 그룹은 2주 동안 자주 쓰지 않는 손을 쓰게 했고 다른 한 그룹에는 어떤 간여도 하지 않았다. 그리고 2주 뒤 피실험자가 약한 모욕을 당했을 때 상대방에게 소음으로 보복할 수 있게 했다. 그 결과 2주 동안 자주 쓰지 않는 손을 쓴 피실험자가 자제력이 더 높고 공격적인 행동을 덜 했다. 댄슨 박사는 이를 근거로 자제력은 골프나 피아노와 마찬가지로 훈련을 통해 높일 수 있다고 밝혔다. 자제력을 키울 기회가 생기면 공격적인 행위가 줄어든다는 것이다.

일상에서 자주 쓰지 않는 손을 꾸준히 써보자. 2주만 연습해보면 충동적인 행동을 통제하거나 줄일 수 있다.

2. 보상 주기

행동경제학자 댄 애리얼리Dan Ariely는 젊은 시절 간염 때문에 약물 연구 프로젝트에 참여한 적이 있다. 참가자들은 정기적으로 약물 주사를 맞았는데 이 약물을 맞으면 30년 동안 간염에 걸리지 않을 수 있었지만 몇 시간 안에 두통, 구토, 어지럼증, 몸 떨림 등 힘든 부작용이 발생할 수 있었고 약물을 주사하는 시간이 길었다. 게다가 1년 반 동안 정기적으로 주사를 맞아야 한다는 어려움도 있었다. 댄 애리얼리는 1년 반 뒤 뜻밖에도 자신이 이 프로젝트를 끝까지 완료한 유일한 참가자임을 알게 됐다. 어째서 그는 다른 사람들보다 오래 버틸 수 있었을까?

애리얼리는 이 의문에 남다른 답을 내놓았다. 자신에게 뛰어난 자제력이 있어서도, 부작용이 나타나지 않아서도 아니었다. 약물 주사를 맞고 나면 그에게도 강한 약물 반응이 나타났다. 그러나 애리얼리는 다른 참가자들과는 달리 약물 주사를 맞는 날마다 좋아하는 일을 했다. 약물 주사를 맞기 전에 좋아하는 영화 비디오를 몇 개 빌려와서 주사를 다 맞고 집으로 돌아가면 그 영화를 본 것이다. 그가 끝까지 버틸 수 있었던 것은 자제력 덕분이 아니라 좋아하는 영화 덕분이었다.

아주 힘든 일을 할 때 자신에게 즉각적인 보상을 주는 것, 이게 바로 자제력의 두 번째 비결이다. 보상을 받으면 힘든 체험이 적어도 일부는 즐거워진다.

3. 자부심 키우기

세 번째 비결은 바로 자부심을 키우고 유혹적인 대상으로부터 주의를 돌리는 것이다. 자부심은 매일의 노력으로 기를 수 있다. 다음 페이지에 소개된 '핵심 가치 은행 만들기'가 그 예다. 여기에는 인성, 의미 있는 인간관계, 목표와 의미, 사랑, 감사하는 마음과 좋아하고 높게 평가하는 마음, 창조력, 동정심 등이 포함된다.

이 기술은 세 단계로 실행해볼 수 있다. 우선 자아, 성장, 인간관계 등 다양한 측면에서 자신의 핵심 가치 은행 목록을 명확히 한다. 두 번째로 해당 가치관에 상응하는 행동을 매일 기록하고 보충한다. 예를 들어 사랑을 중시하는 사람이라면 그에 상응하는 행동으로 남을 돕거나 타인이 베풀어준 것에 감사하거나 삶의 아름다운 일들을 기록하고 나누는 것 등을 생각할 수 있다. 마지막으로 자기 의심과 자기 부정에 시달릴 때 또는 자신의 행동 수준을 높이고 싶을 때 자부심을 느꼈던 일들을 떠올리면서 자신에게 이렇게 말해줄 수 있다. '난 진짜 멋진 사람이야. 난 할 수 있어!'

4. 통제가 필요한 행동 습관화하기

앞에서 이야기했듯 대뇌는 에너지를 절약하는 방향으로 작동한다. 그래서 우리는 90퍼센트가 넘는 시간을 의식이 아닌 습관에 따라 행동한다. 통제가 필요한 행동을 습관화해두면 분노를 조절하기가 더 수월해진다.

기혼자들이 많이 공감하는 것 중 하나가 평화로운 부부 관계를 유지하는 데 높은 자제력이 필요하다는 것이다. 이에 대해 하버드대학교 탈 벤샤하르Tal Ben-Shahar 박사는 자신이 아내와 두 사람만의 세계를 확보하는 작은 비밀을 공유해줬다. 그 비결은 사실 매우 간단하

핵심 가치	횟수
다른 사람을 도와줬다.	
예의를 갖춰 타인을 대했다.	
자기연민을 연습했다.	
친구의 말을 경청하고 지지해줬다.	
공격적이지 않은 방식으로 느낌과 욕구를 표현했다.	
누군가에게 애정을 가득 느꼈다.	
친밀한 상황을 연상했다.	
좌절, 실패 속에서 성과를 올렸다.	
문제 앞에서 적극적으로 해결 방안을 생각하고 효과적인 행동을 선택했다.	
어떤 사람이나 어떤 일이 마음에 들고 좋았다.	
자연이나 환경이 마음에 들고 좋았다.	
일상의 아름다운 것들이 마음에 들었다.	
본인의 핵심 가치와 목표에 따라 행동했다.	
다른 사람을 보호하고 그의 자율권을 존중하고 싶었다.	
삶에 감사하고 타인과 행복을 나눴다.	
오늘 가장 자부심을 느꼈던 일 (그때의 상황과 느꼈던 자부심을 상세히 기록할 것)	
오늘 새로 증가한 신용 총액 :	

다. 그는 매주 하루를 정해 두 사람이 함께하는 시간을 갖는 것으로 행복한 결혼생활을 여러 해 유지할 수 있었다.

　스스로 통제력을 끌어올리고 싶거나 아이가 자제력을 끌어올리도록 도와주고 싶다면 통제해야 할 행동을 습관으로 변화시켜보는 것도 괜찮다.

5. 불필요한 결정 줄이기

　자제력은 단련될 수 있고 소모될 수 있으며 보충될 수도 있는 일종의 자원이다. 연구에 따르면 유혹을 뿌리칠 때 말고 행동을 결정할 때도 자제력이 소모된다.

　2010년 경영학 박사인 조너선 레바브Jonathan Levav와 마크 하이트만 Mark Heitmann 등은 결정이 소비 행위에 끼치는 영향을 연구했다. 자동차를 구매할 때 고르는 옵션 중 고객이 한 가지 정도 부품을 선택한 상태라면 대리점이 추천한 상품을 선택할 확률은 겨우 28퍼센트로, 고객이 무작위로 고를 확률과 거의 차이가 나지 않았다. 하지만 선택전 내부 인테리어 장식물, 외부 장식물, 타이어 등 많은 옵션을 결정한 상태라면 대리점 측의 추천을 받아들인 확률이 41퍼센트에 달했다. 이 결과는 고객이 자동차를 구매할 때 결정해야 하는 사항이 복잡해질수록 대리점이 추천하는 표준 사양을 선택할 가능성이 높다는 사실을 증명한다. 구매 과정에서 여러 가지 선택을 하면 마지막에 가서 차를 살 때 드는 비용이 평균 250만 원 올라간다는 점도 발견됐다.

　과도한 결정이 자제력을 떨어뜨린다는 것이 증명된 것이다. 따라서 즉흥적으로 결정해야 할 상황을 피하고 계획을 세워두는 것이 좋다.

6. 적당한 당 보충

최근 뇌신경과학 연구를 통해 자제력의 배후에 있는 작동 기제가 밝혀지고 있는데 그게 바로 혈당이다. 대뇌 영상 연구에 따르면, 저혈당 상태에서는 보상을 자극하는 대뇌 구역이 활성화되고 충동을 억제하는 구역이 잠잠해진다. 단기적이고 즉각적이고 자극적인 행동을 하기 쉬워지고 자제력이 저하되는 것이다.

사회신경과학자 토드 헤더톤Todd Heatherton은 실험을 통해 이를 검증했다. 헤더톤은 실험 도중 피실험자에게 웃긴 영상을 보여주면서 웃지 말라고 요구했다. 이런 상황은 피실험자의 통제력을 대량으로 소모해버렸다. 이어진 MRI 촬영에서 충동 억제를 책임지는 대뇌 구역의 활성도가 눈에 띄게 내려가 있었다. 그러나 설탕을 넣은 레몬티를 한 잔 마시고 나자 상황이 완전히 달라졌다. 그러니 자제력을 끌어올리고 싶다면 피로할 때 적당히 에너지를 보충해주는 것이 좋다.

자제력을 키우는 또 다른 방법은 일정한 행동 매뉴얼을 따르는 것이다. 욕구를 언어로 표현하는 것, 슬픔을 느끼는 것이 분노를 관리하는 데 도움이 된다. 우선 내면의 감정과 욕구를 표현하면 채워지지 않은 욕구로 인한 좌절감이 빠른 속도로 줄어든다. 어떤 느낌이 들고 무엇을 바라는지 언어로 표현해보는 것이다. '사랑받지 못하는 느낌이 들어' '내 욕구를 무시당하는 느낌이 들어' 또는 '지금 이 상황을 나와 함께 해결해줬으면 해' '나한테 말할 때 목소리를 부드럽게 해줬으면 해' 등으로 표현할 수 있다.

감정을 표현했음에도 불구하고 상대에게 긍정적인 피드백을 받지 못할 때도 있다. 이는 표현 중에 주관적인 사실 묘사가 들어가 있어서 그렇다. "당신이 늘 그렇게 충동적으로 굴고 자신을 전혀 통제하지 못하니 내가 무시당한다는 느낌이 들어"라는 말에서 말한 사람은 '당신이 늘 그렇게 충동적으로 굴고 자신을 전혀 통제하지 못하니'가 사실이라고 생각하겠지만 이는 그 사람의 판단일 뿐이다. 사실을 묘사하고 싶다면 현재 벌어지고 있는 일만 표현하면 된다. "방금 누가 아이를 볼지 이야기하던 중이었는데 당신이 갑자기 목청을 높이면서 제정신이냐고 했잖아"라거나 "대화하다가 당신이 느닷없이 테이블을 쾅 내리쳤잖아"처럼 현재 벌어진 일만 묘사하는 것이 좋다.

• 효과적인 분노 표현 기술

1. 잠시 멈춤 : 분노가 용솟음칠 때는 자신에게 '멈춰'라고 하며 충동적인 행동을 피한다.

2. 호흡 조절 : 복식 호흡을 세 번 한다. 호흡 패턴이 변하면 감정도 변할 수 있다.

3. 감정 표현 : 풍부한 어휘를 사용해 감정을 표현한다. 극도의 분노를 표현하고 싶으면 '화가 나'보다는 '미치겠네' '돌아버리겠네' '환장하겠네' 등의 표현을 써본다.

4. 사실 묘사 및 문제 범주 확정 : 일어난 사건과 충족되지 못한 욕구를 묘사한다. 그 사건에 대한 상대의 느낌과 욕구도 묘사한다.

5. 해결 방안 찾고 행동하기 : 양쪽의 욕구를 중심에 놓고 상대방을 초대해 가능한 해결 방안을 함께 찾아가며 행동으로 옮긴다.

표현하는 방식으로 분노를 처리하다보면 우울해질 때가 있다. 우리가 감정과 사실을 정확하게 묘사한다 해도 상대방이 경청하지 않을 수 있기 때문이다. 따라서 상대가 내 말에 귀 기울이지 않을 경우를 대비한 더 효과적인 분노 처리 방안이 필요하다.

분노는 슬픔을 피하는 적극적인 도구다. 데이비드 맥밀런은 축적된 분노를 효과적으로 처리하려면 슬픔으로 가는 길을 다시 찾아야 한다고 본다. 일단 슬픔에 다다르면 분노에 의해 억제된 이성의 뇌가 다시 활성화되고 분노의 감정도 슬픔을 느끼는 과정에서 점차 사라진다는 것이다. 다음은 내가 설계한 분노를 처리하는 슬픔의 기술이다.

• 분노 다루기 기술

1. 잠시 멈추고 표현 : 행동을 멈추고 언어로 분노와 목표를 표현한다. '분노가 들끓어 올라! 하지만 감정이 행동을 좌우하게 놔두지는 않을 거야. 난 효과적으로 내 감정을 처리할 수 있어!'

2. 호흡 조절 : 어깨가 움직이지 않도록 자세를 유지하고 숨을 들이쉬면서 복부가 서서히 부풀어 오르면 속으로 1부터 4까지 숫자를 세고 숨을 내쉬면서 복부가 서서히 수축하면 속으로 1부터 6까지 숫자를 센다. 그렇게 30초 동안 복식 호흡으로 호흡을 조절한다.

3. 감정의 파도타기 : 이제 분노가 피하려고 하는 슬픔을 찾아본다. 막막함, 무기력, 욕구를 무시당한 느낌, 사랑받지 못한 느낌, 거절당한 느낌, 질책당한 느낌, 미움받는 느낌 등이 있을 것이다. 이를 찾아가는 과정에서 강렬한 슬픔이 몰려오면 숨을 깊게 들이쉬고

두 다리를 벌린다. 몸을 똑바로 세운 뒤 두 팔을 편 채 가슴을 쫙 펴고 고개를 들면서 감정의 바다 속에서 물밀듯이 밀려오는 파도를 끌어안는 상상을 하고 포옹으로 슬픔의 충격을 끌어안는다. 감정의 에너지를 유발하는 화학적 호르몬이 분비되는 시간은 통상적으로 60~90초다. 충격을 한 번 견뎌내기만 하면 이후 느끼는 강도는 점차 줄어든다.

4. 감정과 욕구 표현 : 공격적이지 않은 언어로 감정과 욕구를 명확하게 표현한다. "존중받지 못했다는 느낌이 들어. 일단은 내 말을 다 들어주면 좋겠어. 그다음에 네 입장을 이야기해줘"처럼 말이다. 효과적인 표현에는 구체적인 사실 묘사, 분명한 감정 그리고 명확한 자기 욕구 이 세 가지가 포함된다.

5. 상대방의 감정과 욕구 이해 : 4단계의 방식으로 상대방의 느낌과 욕구를 이해하고 표현하며 확인한다.

6. 문제 해결 방안을 찾고 실행한다.

많은 이에게 분노는 홍수와 같고 맹수와 같으며 종종 통제 불능 상태와 엉망진창인 결과를 초래하는 '좋지 않은 감정'이다. 그러나 '좋지 않은 감정'이라는 딱지가 붙은 다른 어떤 감정과 마찬가지로 분노에도 역시나 독특한 지혜가 있다. 분노는 우리를 보호하고 도전에 직면할 용기와 힘을 준다. 분노를 느끼면서도 동시에 분노를 효과적으로 통제하고 관리할 수만 있다면 분노 역시 다른 감정과 마찬가지로 인생의 변화를 이끄는 동력이 될 수 있다.

나에게 좋은 쪽으로 슬픔 다스리기

많은 이가 슬픔을 피하고 싶어 하지만 다른 정서와 마찬가지로 슬픔에도 긍정적인 면이 있다. 애니메이션 〈인사이드 아웃Inside Out〉은 슬픔의 긍정적인 면을 보여준다. 주인공 라일리가 전학 후 힘들어하자 기쁨의 감정을 주관하는 조이는 라일리를 기쁘게 할 온갖 방법을 생각해내면서 라일리가 좋아지기를 바란다. 하지만 정작 라일리는 슬픔을 느끼고 나서야 모든 고통을 멈춘다. 슬픔 속에서 라일리는 가출하겠다는 충동을 포기한다. 슬픈 표정과 슬픈 신체 언어는 또래 친구와 부모로부터 응원을 이끌어낸다. 라일리가 표현한 슬픔이 가족에게 받아들여지자 라일리는 다시 행복한 생활로 돌아간다. 영화는 우리가 무시하곤 하는 한 가지 진리를 생동감 넘치게 보여준다. 즉 슬픔이 있어야 기쁨이 있다는 것이다. 슬픔이 없으면 기쁨도 있을 수 없다.

심리학자 캐럴 이자드Carroll Izard와 브라이언 애커먼Brian Ackerman의 1999년 연구에 따르면 슬픔은 우리의 인지와 운동 체계의 속도를 늦추고, 문제를 불러일으킨 근원이나 자신의 실망스러운 행동 및 실패를 더 자세히 살펴볼 수 있게 해준다. 또한 호흡 리듬과 심박이 떨어지고 혈압이 낮아지며 전신이 수면과 휴식 상태에 더 쉽게 진입하게 된다. 이런 상태는 우리가 힘을 더 잘 비축할 수 있도록, 도전에 새롭게 응대할 수 있도록 도와준다.

물론 슬픔이 힘을 비축하기는커녕 지속적으로 심신에 상처를 줄 때도 있다. 장기적인 슬픔은 세상을 바라보는 감각에 검은색을 덧바른다. 많은 우울증 환자가 느끼듯 세상이 색채를 잃은 듯 흑과 백 두 가지 색만 남게 되는 것이다. 희망은 보기 드문 사치품이 돼버리고 흥미, 욕망, 믿음, 힘 등이 점차 사라진다. 대뇌에서는 '난 안 돼' '난 못해' '아무것도 의미가 없어' '도망치고 싶어' 같은 부정적이고 도피성 짙은 말들이 끊임없이 들린다. 그러면 자신에게 현실의 모든 도전을 처리할 힘이 여전히 있다는 사실을 믿기 힘들어진다.

슬픔은 주변 사람들의 응원을 불러일으킨다. 하지만 이런 응원에도 아무런 변화가 없으면, 예를 들어 주변 사람들의 응원에도 불구하고 오랫동안 슬픔에 침잠해서 빠져나오지 못하면 친구들은 무력감에 서서히 멀어지고 심지어 영원히 떠나버리기도 한다. 그러므로 지속적인 슬픔 앞에서는 마음의 문제를 해결하기가 무척 어렵다. 사랑하는 주변 사람들도 엄청난 스트레스를 받게 되며 그 기간이 길어지면 관계도 변할 수밖에 없다. 따라서 슬픔은 반드시 즉각적으로 그리고 효과적으로 처리돼야만 한다.

100여 년 전 일본 센다이에서 의학을 공부하던 루쉰魯迅은 러일전쟁 동안 중국인들의 무감각한 모습에 깊은 슬픔을 느꼈다. 루쉰은 슬픔 속에서 분노를 느끼면서 자신의 사명을 깨달았고 그 뒤로 의학 공부를 포기하고 펜으로 나라를 구하는 길로 나아갔다.

우리도 루쉰이 슬픔을 이겨낸 방법을 거울삼을 수 있다. 내가 상담을 하면서 만들어낸 슬픔을 처리하는 세 가지 기술, 슬픔의 가치 찾기, 호기심 체험, 자세 변화법을 소개한다.

5장. 감정과 이성을 조화롭게 쓰는 법

1. 슬픔의 가치 찾기

먼저 생각에 제동을 건다. 머릿속에 떠도는 자기와의 대화를 처리하고 현실을 놓쳐버렸음을 받아들인다. 슬픔에 빠졌을 때 끝도 없이 소란스럽게 울려 퍼지는 머릿속 생각을 신속하게 멈춰야 한다. 그 생각에 이름을 붙여서 환영과 감사를 표현해도 좋다. 그렇게 하면 상실을 마주하는 동시에 대뇌에서 자동으로 일어나는 기억, 상상, 추론에서 벗어날 수 있다.

생각에 브레이크를 밟았다면 자신에게 던져야 할 질문이 하나 있다. '내가 원하는 건 뭐지? 어떤 삶을 살고 싶지?' 현실에 대한 무력감과 상실에 대한 공포, 과거에 대한 기억의 배후에는 어떤 욕구가 숨어 있다. 아버지가 돌아가셔서 깊은 슬픔에 빠진 아차阿茶는 이렇게 말했다. "아버지는 제 유일한 가족이었어요. 아버지가 떠나자 저는 이 세상에서 외딴 존재가 되어버렸어요." 아버지가 부재한 슬픔의 배후에는 친밀한 관계에 대한 아차의 호소가 깔려 있다. 이렇게 슬픔과 공포를 언어로 표현한 뒤 아차는 본인이 원하는 삶을 깨달았다. 가까운 관계를 새로 만들고 사랑받고 사랑하는 느낌을 받고 싶다는 것이었다.

이제 욕구와 가치관에 따라 상실이 주는 의미를 재구성해볼 수 있다. 아차는 상실의 고통과 함께 아버지와의 모든 추억이 찾아왔기 때문에 친구들과 멀어지기 시작했고 주변 사람들을 피하기 시작했다. 아버지와의 추억과 이로 인한 고통을 효과적으로 처리하지 못하면 아차는 슬픔을 멈춰 세울 수 없을 것이다.

아차의 경우, 의미를 재구성하기 위한 첫걸음은 아버지와의 추억을 바라보는 시각을 바꾸는 것이다. 즉, 상실의 의미에 집중하고 상실의 가치를 발굴해내는 쪽으로 옮겨가는 것이다. 우리는 상담 중에 아버지와 행복했던 순간들을 기록했고 내면에서 우러나오는 감사와 행복을 불러일으켰으며 아버지가 아차에게 건넸던 따뜻한 말들을 떠올렸다. 그다음 상실이 주는 의미를 찾아냈다. 몇 주 뒤 아버지를 잃었다는 아차의 공포는 차차 아버지가 준 사랑에 대한 감사로 바뀌어나갔다.

앞의 단계들을 차례로 거치면 고통을 던져버리고 의미 있는 삶을 추구할 능력을 갖추게 된다. 루쉰 선생이 조국에 대한 사랑으로 펜을 칼 삼아 암담한 세상에 선전포고를 했듯 아차도 아버지의 사랑에 감사하며 다시 친구와 마주하고 가까운 관계를 새롭게 만들어나갈 수 있었다.

큰 슬픔을 겪은 사람이라면 누구나 슬픔에서 순조롭게 빠져나오는 게 결코 쉽지 않다는 사실을 경험으로 알게 된다. 그럴 땐 정서적인 변화를 체험하는 것이 좋다. 슬픔이 분노나 수치심으로 나아갈 수도 있지만 되도록 호기심으로 전환하는 것을 권한다.

2. 호기심 체험

서거나 앉거나 편안한 자세를 하나 고르고 눈을 감은 뒤 안정적인 호흡 리듬을 유지한다. 호기심을 갖고 가슴과 배 사이의 느낌을 관찰한다. 답답하다든가 울적하다든가 떨린다든가, 어떤 느낌이든 이 느낌을 관찰한다.

이제 두 손으로 가슴과 배 사이에서 슬픔을 빼내 가슴으로 끌어안는 상상을 해본다. 감각 기관을 동원해 눈앞의 슬픔을 느껴보자. 슬픔이 어떤 형상을 하고 있는지, 어떤 색인지, 얼마나 큰지, 외관이 어떤지, 만져보면 어떤 느낌인지, 얼마나 무거운지, 어떤 냄새가 나는지, 소리가 나는지, 손으로 두드리면 소리가 나는지 호기심을 갖고 느껴보는 것이다.

그 뒤 본인의 의식이 슬픔을 끌어안고 있는 본인 앞에 서 있다고 상상해보자. 관찰자처럼 본인과 본인 앞의 슬픔을 관찰하고 슬픔에 빠져 있는 눈앞의 자신을 느껴본다. 이때 본인에게 무슨 이야기를 해주고 싶은가? 이제 가슴으로 슬픔을 끌어안은 본인에게 관심을 기울이는 동시에 주변 세계에서 무슨 일이 벌어지고 있는지 집중한다. 훨씬 더 넓은 각도에서 관찰해보자. 어떤가? 본인에게 무슨 말을 해주고 싶은가?

이제 눈앞에서 관찰하고 있는 대상이 현재의 자신이 아닌 10년 전의 자신이라는 사실을 돌연 깨달았다고 상상해보자. 10년이 지나 당신은 이미 원하는 삶을 살고 있다. 지금 10년 전의 그 고통스러웠던 기억 앞에서 당신은 무슨 말을 해주고 싶은가?

그 말들을 기억한 채로 의식이 다시 몸으로 돌아왔다고, 손안의 슬픔을 다시 마음에 되돌려놨다고 상상하면서 다시금 슬픔을 느끼며 호흡을 세 번 조절한 뒤 서서히 눈을 뜬다.

수천 명을 대상으로 한 연구를 통해 방어나 도피로는 심리적 문제에서 벗어날 수 없지만 개방과 수용의 자세로는 발전하는 삶을 살수 있다는 사실이 증명됐다. 너무 오래 출구를 찾지 못하고 있다면 자신의 감정에 대해 호기심을 가져보는 연습을 해보는 것도 괜찮다.

3. 자세 변환법

눈을 감고 자신의 몸을 조각한다고 상상해보자. 지금 당신이 인생에서 가장 엉망진창인 시기, 가장 힘든 시기에 처해 있다는 걸 타인이 한눈에 알아볼 수 있는 그런 자세를 조각해야 한다. 그 조각의 자세를 3초 동안 유지한다. 그런 다음 자세를 바꿀 수 있도록 세 차례에 걸쳐 천천히 호흡을 조절한다. 이제 또 다른 본인을 조각한다고 상상해보자. 이번에는 인생 최고의 시기, 힘이 넘치고 일은 성공하고 정말 너무나 완벽한 시기라고 상상해보는 거다. 실제 몸으로 이 조각의 자세를 따라해본다. 계속 호흡을 조절하면서 이 자세를 1분간 유지한다. 눈을 떴을 때 자세의 변화가 가져온 다른 느낌이 느껴지는가?

다문화 연구를 보면 국가와 민족에 상관없이 사람은 인생에서 힘든 시기에 처하면 고개를 숙이고 눈을 감으며 몸을 움츠리는 방어적이고 무력한 자세를 취한다는 사실이 밝혀졌다. 반대로 가장 찬란하게 빛나는 시기를 맞이했다는 느낌이 들면 고개를 들고 눈을 뜨고 양팔을 펴고 할 수 있는 한 최대로 몸을 크게 만든다고 한다. 개방성과 힘이 넘치는 것이다.

언제든 감정적으로 힘이 들면 개방적인 자세를 취해보자. 곧 다가올 모든 일을 끌어안겠다는 듯 눈을 뜨고 두 발을 벌린다. 몸을 곧게 세우고 머리를 살짝 쳐들며 두 팔을 쭉 뻗어 위로 든다. 손바닥이 위를 향하게 쫙 펼친다. 이 자세를 유지하면서 본인에게 말한다. '좋아. 내가 슬픔(또는 분노, 불안, 공포, 무력감)을 느낀다는 걸 알아. 하지만 그건 그냥 내 느낌일 뿐이야. 지금은 다른 선택을 할 수 있어. 이 힘든 감정을 끌어안으면서도 더는 발버둥 치지 않고 숨지 않을 수 있어. 이게 내 느낌이야. 이 느낌이 존재할 공간이 있어야만 해. 더는 이 느낌을 쫓아내거나 부인하지 않을 거야. 이 느낌을 받아들일 수 있어.'

간단해 보이는 자세의 변화가 실제로 심신에 영향을 끼친다. 나약한 자세에서 개방적인 자세로 바꾸면 체내 코르티솔 함량이 25퍼센트 줄어들고 자신과 타인에게 더 힘 있는 느낌이 전해진다. 이런 자세 변환에 익숙해지면 불쾌한 감정이 찾아왔을 때 곧장 개방적 자세를 활용해 감정에 급브레이크를 밟을 수 있다.

슬픔을 받아들이면 내적 소모를 멈추고 더 많은 에너지를 본인이 원하는 삶에 쏟을 수 있다. 내 경우 보통 내담자에게 친한 친구 두세 명과 매일 위챗wechat (중국판 카카오톡—옮긴이), 이메일, 문자 메시지 또는 직접 얼굴을 보고 기뻤던 일을 두세 가지 공유해보라고 한다. 이렇게 몇 주, 한 달 또는 몇 개월이 지나면 내담자는 훨씬 더 쉽게 슬픔에서 벗어나 본인의 삶을 살기 시작한다. 친구와의 대화가 여의치 않을 때는 매일 잠자리에 들기 전 그날 거둔 의미 있는 결실 세 가지를 기록하고 그때의 만족감과 행복감을 다시 경험해본다.

대뇌는 인간이 무언가를 반복하면 그것을 강화하는 특징이 있다. 그래서 슬픔을 반복하면 슬픔이 강화되고 행복과 감사 등 긍정적인 사고와 행위를 반복하면 그 사고와 행위가 강화된다.

표현할수록 수치심은 줄어든다

수치심은 살면서 자주 보게 되는 정서 중 하나다. 거절당할 때, 실패할 때, 본인 행동에 실망할 때 우리는 강한 수치감을 느낀다. 수치심 연구의 선구자인 브레네 브라운Brené Brown은 질책이 수치심을 유발하는 핵심 요인이라고 지적한다. 우리가 일상에서 마주하는 질책의 99퍼센트는 자기 자신에서 비롯된다. 도무지 피해갈 길이 없다. 수치는 자아의 부정이다. 한 심리학 연구에서는 많은 상담사가 수치심이 심리적 질병을 초래하는 첫 번째 요인이라는 관점에 동의한다는 사실을 발견했다. 강렬한 수치감은 우울 문제로 내담한 사람에게서 아주 쉽게 발견된다.

진화 시각에서 보면 수치심은 일종의 전진하는 힘으로 우리가 행동을 조절하게 이끌어준다. 하지만 현실에서 수치스러운 경험을 좋아하는 사람은 거의 없다. 수치심에 빠지면 보통 두 가지 도전에 직면한다. 첫 번째 도전은 자신이 잘못했음을 인정하는 것, 두 번째는 그에 상응하는 책임을 감당하는 것이다. 두 가지 모두 우리에게 상처를 입힌다. 데이비드 맥밀런은 수치심이 야기하는 가장 심각한 심리적 문제가 보통 이런 회피 중에 발생한다고 본다.

일단 수치심을 느끼면 스티븐 헤이스가 말한 인지 융합 상태, 즉 자아의 핵심은 수치심이며 타인과 접촉할 자격도 없다고까지 생각하는 상태에 이르게 된다. 극도의 수치심은 자기혐오를 불러일으킨다. 감당할 수 없는 이런 느낌은 중독에 쉽게 빠지게 한다. 아주 쉽게 흡연, 음주, 폭식, 인터넷, 게임 등의 자극 속으로 숨어들게 한다.

수치심은 중독 이외에 수많은 강박 문제의 핵심이기도 하다. 끊임없이 침을 삼키는 아전처럼 말이다. "침 삼키는 소리가 너무 크다 보니까 사람들이 다 저를 주시한다는 생각이 들고 그런 탓에 심한 수치심을 느껴요. 하지만 수치스러워할수록 더 긴장하게 되고 침 삼키는 소리도 더 커져요." 아전에게 수치심과 강박은 지속적으로 반복되는 하향곡선이다.

외도로 수치심을 느꼈던 아쥔은 부부 관계를 개선하고 가정을 지키고 싶었지만 수치심을 효과적으로 처리할 수 없어 아내를 멀리했고 함께 있는 시간을 줄이기 위해 야근을 하고 밤을 새웠다. 자신이 선택한 행동이 자신을 목표에서 더 멀어지게 한 것이다. 아쥔이 수치심을 효과적으로 처리하지 못할 경우 결혼생활은 곧 종착역을 향하게 될 것이었다. 수치심이 두려워서 피하면 수치심은 점점 더 커질 뿐 절대로 작아지지 않는다.

브레네 브라운은 자기 심판 외에 침묵과 숨김을 수치심을 키우는 두 가지 주요 요인으로 꼽는다. 그래서 수치심을 효과적으로 처리하는 첫 번째 기술은 바로 공개적인 표현이다.

아펑阿鳳은 23년 전 어머니를 잃고 아버지와 의지하며 살아왔다. 아버지는 오랜 세월 재혼도 하지 않고 믿음직한 아버지로 아펑 곁에 남았다. 아버지가 암 진단을 받고 수술을 받은 뒤 아펑은 휴가를 내고 병상을 지켰다. 외동딸인 아펑은 아버지가 유일하게 의지할 수 있는 사람이었다. 한번은 부득이한 사정으로 절친한 친구에게 아버지를 이틀 동안 돌봐달라고 부탁했다. 친구는 이틀 밤낮 제대로 쉬지도 못하고 아버지를 보살펴줬다. 아펑은 고마울 따름이었다. 하지만 얼마 지나지 않아 아펑은 난감한 사실을 알게 됐다. 아펑이 모셔온 여성 간병인이 분노를 터뜨리며 일을 그만두겠다면서 사진을 몇 장 보내왔다. 아버지가 간병인 앞에서 성기를 노출하고 만지작거리는 모습이 담긴 사진이었다. 아펑은 친구가 병원에 머문 이틀 동안에도 아버지가 여러 차례 친구를 성희롱했다는 사실도 알게 됐다.

아펑은 몸져눕고 말았다. 눈앞의 사실에 무너지고 만 것이다. 아펑은 말했다. "세상에 아버지가 그런 짓을! 너무 화가 나요. 치료 못 받게 호스를 뽑아버리고 싶다고요! 제가 사진을 봤잖아요. 분노가 일고 역겨워요. 그걸 떨칠 수가 없다고요. 제가 친구를 어떻게 볼 수 있겠어요? 미칠 것 같아요. 몸만 지치는 게 아니라 마음도 더럽혀진 느낌이에요! 너무 구역질이 나요!"

아펑은 이 문제에서 벗어나기 위해 심리상담 핫라인에 전화를 걸어 하소연했지만 위로 외에는 뭘 더 도와줄 수 없다는 말에 어이가 없었다. 결국 아펑은 불면증에 시달리기 시작했고 머릿속으로 늘 이 일을 생각했다. "너무나 역겹고 친구에게는 말도 못 하게 미안해요. 수치심이 한없이 밀려온다고요!"

아펑이 처리해야 할 첫 번째 문제는 머릿속에서 끊임없이 아른거리는 그 사진이었다. 앞에서 설명한 플래시백의 처리 방법 등이 효과적인 도움을 줄 수 있었다. 난데없이 나타나는 생각 이외에 아펑이 처리해야 할 두 번째 문제는 친구에 대한 죄책감과 내면의 수치심이었다. 아펑에게 이 일을 직시하고 본인이 느낀 수치심을 솔직하게 이야기하라고 했을 때 아펑은 주저했지만 결국 친구를 만나러 갔다. 친구에게 사과했고 내면의 수치심과 분노 등의 감정을 친구와 나눴다.

"친구가 절 용서해줬어요. 정말 쉽지 않은 일이라고 생각해요. 가장 중요한 점은 말을 꺼내고 마음이 훨씬 가벼워졌다는 거예요. 지금은 그럭저럭 견딜 만해요."

표현은 수치심을 처리하는 중요한 수단이지만 표현만으로는 여전히 수치심에서 벗어날 수 없을 때가 있다. 이를테면 외도 사실을 고백하고 부부 관계를 개선하고 싶어 했던 아쥔이 그렇다. 얼마의 시간이 흐른 뒤에도 아쥔은 여전히 큰 절망에 빠져 있었다. 아쥔은 본인이 용서받을 가치가 없는 존재라는 생각에 이르렀다. 아쥔만 그런 게 아니다. 수치심에 빠지면 절대다수가 이런 거짓말에서 빠져나오지 못한다. 이 거짓말로 인해 자신이 하찮다는 생각이 들고 도망치고 싶어진다. 행동할 힘을 잃고 변화할 힘을 내지 못한다.

생각으로 인한 곤경을 이야기하면서 생각 관찰법, 생각 명명 대화법 등 인지 융합 문제에 초점을 맞춘 훈련 방법을 여러 가지 언급했다. 아쥔의 경우 수치심에 초점을 맞춰서 아주 간단한 생각 처리 방법을 써볼 수 있다. 문제가 되는 생각에 '잘못된 알림' 같은 이름을 붙이는 것이다. '잘못된 알림'이 떠오르면 개방적인 자세를 취하고 심호흡을 한 뒤 아래의 대화를 진행해볼 수 있다.

'잘못된 알림, 안녕. 네가 또 왔구나. 환영해. 내 삶에 관심을 갖고 내가 예전에 저지른 잘못을 일깨워줘서 참 고마워. 네가 무슨 말을 하려는지 알아. 난 행동으로 내 목표를 향해 계속해서 전진할 거야. 있고 싶을 때까지 있어. 난 계속 일할 테니.'

생각 처리 방법 이외에 심리적 문제에서 벗어나게 해주는 여섯 가지 열쇠를 이용해 전혀 새로운 감정 전환 처리 방법을 써볼 수도 있다. 다음은 아쥔과 내가 상담 도중 나눈 대화다.

아쥔 : 심지어 거울도 볼 수가 없습니다. 제 얼굴만 보면 아내에게 입힌 상처가 떠오르고 역겨움이 밀려오거든요.

나 : 과거를 떠올리면 본인이 역겹다는 생각이 드는군요. 본인이 문제의 근원이라고 생각하고요.

아쥔 : 그렇습니다. 상심한 아내의 고통스러운 표정을 잊을 수가 없습니다.

나 : 정말 힘든 일이죠. 아내에게 상처를 입혔고 그 일로 인해 계속 고통에 시달렸죠. 그래서 아내에게 솔직히 고백하고 사죄하는 쪽을 택했지만 아내의 마음에 고통이 계속 남을 거라는 생각은 하지 못했고요.

아쥔 : 예. 가정을 지키고 싶었고 이렇게 하면 고통에서 벗어날 수 있을 거라고 착각했죠. 하지만 너무 어려운 일이더군요.

나 : 네. 계속해서 수치심으로 고통받을 거라고 생각하지 못한 거죠.

아쥔 : 무엇보다도 아내가 그렇게 큰 상처를 받고도 이토록 쉽게 저를 용서해줬으니까요. 아내의 웃는 얼굴을 볼 때마다 제가 얼마나 형편없는 인간인지 떠올리게 됩니다.

나 : 더 심한 벌을 받아야 한다고 생각하는군요.

아쥔 : 예. 죗값을 치르지 않은 탓에 제 발이 저립니다. 아내 앞에서 제가 작아져요. 그래서 아내와 함께 있는 게 두렵습니다. 제가 하찮은 사람이라는 걸 느끼고 싶지 않습니다.

나 : 아내보다 못하다는 생각을 하는군요. 아내가 선생님을 용서하겠

다고, 다시 일상으로 돌아가고 싶다고 했을 때 어떤 느낌을 받았나요?

아쥔 : 놀랐고 감동했습니다. 아내가 제게 기회를 줬다는 사실에 크게 감격했습니다.

나 : 큰 충격 앞에서도 그런 선택을 해준 아내가 자랑스러운가요?

아쥔 : 네. 아내가 정말 대단하다고 생각합니다. 상대적으로 전 형편없고요.

나 : 아내를 사랑하나요?

아쥔 : 물론입니다. 그렇지 않다면 제가 왜 이렇게 고통스러워하겠습니까?

나 : 아내에게 잘못을 고백하기가 쉬웠나요?

아쥔 : 무척 힘들었습니다. 다 선생님의 응원 덕분입니다. 그렇지 않았다면 여전히 숨기고만 있었겠죠.

나 : 그게 선생님의 선택입니다. 잘못을 마주하고 책임지는 쪽을 선택하려면 큰 용기가 필요하죠. 본인의 선택에 자부심을 느껴도 되지 않을까요? 모든 사람에게 그런 용기가 있진 않거든요.

아쥔 : 그렇게 생각하니 좀 자부심이 느껴지긴 합니다.

나 : 상상해보세요. 5년 뒤 선생님과 아내가 손을 맞잡고 길을 걷다가 돌연 잘못을 인정했을 때의 본인과 마주쳤다고요. 선생님은 아마 그 사람의 용기와 선택에 크게 감사할 겁니다. 그 사람에게 하고 싶은 말이 있나요?

아쥔 : 음, 용기 내줘서 고맙습니다. 그런 선택을 해줘서 고마워요. 그렇게 하지 않았다면 우리에게 오늘 같은 평온과 행복은 없

었을 거예요. 행동에 책임을 진 당신에게 자부심을 느낍니다.

나 : 만일 아내가 지금 앞에 있다면 어떤 말을 하고 싶나요?

아쿤 : 여보, 사랑해. 내가 평생 당신 옆에 있을게.

나 : 지금은 기분이 어떤가요?

아쿤 : 훨씬 좋아졌습니다.

나 : 이게 바로 자부심의 힘입니다. 수치심 처리에는 자부심이 가장 효과적인 해독제입니다. 훈련 기술이 하나 있는데 매일 꾸준히 10분 동안 연습해보면 마음의 짐에서 벗어날 기회를 얻고 다시 행복을 되찾게 될 겁니다. 해보겠어요?

아쿤 : 네, 해보겠습니다.

• 자부심 불러일으키기 기술

1. 받아들이기 : 수치심을 마주하고 언어로 받아들인다. '그래, 내가 저지른 잘못을 떠올리면 너무 수치스러워. 하지만 수치심을 받아들이고 앞으로 나아가고 싶어. 행동으로 내 잘못을 메우고 싶어'

2. 감지 : 호흡을 조절하고 수치심 배후에 자리한 감정을 감지한다. 막막함, 무력감, 사랑받지 못하는 느낌, 거절당하는 느낌, 질책당하는 느낌, 미움받는 느낌 등이 있다. 이런 불쾌한 감정이 파도처럼 자신을 휩쓸고 지나가도록 90초 동안 두 팔을 쫙 뻗는다.

3. 자기연민 : 눈을 감고 가장 친한 친구가 이 모든 일을 겪어 고통에 빠져 있다고 상상해보자. 그 친구를 어떻게 위로할지 생각해보자. 하고 싶은 말을 종이에 적어 자기 자신에게 큰 소리로 읽어주자.

이 말을 휴대폰으로 녹음해서 언제든 수치심, 자책, 자기부정 등의 목소리가 나타나면 그 녹음 파일을 듣자.
4. 자부심 찾기 : 본인의 행동 중에서 자부심을 느낄 만한 면을 찾아낸다. 적어도 1분 동안 느껴본다.
5. 정확한 가치관에 따라 행동한다.

　　아이들의 경우 자신에게 죄를 돌리는 특성 탓에 학대의 원인을 아주 쉽게 자신에게 귀결시켜버린다. 이런 아이들은 성인이 된 뒤에도 유년기의 악몽으로 지속적으로 고통받고 시시때때로 자책과 수치심을 느낀다. 이들에게는 스티븐 헤이스가 추천한 자기연민 연습이 효과적이다.

• 유년의 상처에서 벗어나기 위한 자기연민의 기술
1. 회상 : 눈을 감고 어린 시절 처음으로 힘들었던 때가 언제인지 회상한다.
2. 관찰 : 머리카락, 옷, 표정, 몸의 자세 등 그때의 모습을 떠올린다.
3. 상상 : 어린 시절의 내가 자책, 죄책감, 자기비하 등의 말을 떠올리고 상대 역시 어린 내게 그런 공격적인 말을 하는 중에 어른의 내가 옆에 서서 그 모습을 지켜보고 있다고 상상한다.
4. 동정과 지지 : 어린 시절의 나를 돕고 싶다고 상상하며 구체적인 표현을 써서 두려움 속에 있는 아이를 위로해주자. 아이가 위로를 받고 힘을 얻은 모습을 상상해보자. 그다음 조용히 눈을 뜨자.

지금 수치심으로 인해 힘들다면 수치심은 우리를 전진하게 해주는 동력 중 하나라는 사실을 기억하자. 자기 심판, 침묵, 숨기기 등으로 잘못을 처리하면 수치심의 힘이 강화될 뿐이다. 그러나 표현, 수용, 자기연민 등은 수치심의 힘을 약화시키고 우리가 정확한 가치관에 따라 행동하게 해준다. 도망치지 않고 받아들이는 과정에서 나약함을 용감하게 드러낼 때 수치심은 훨씬 더 쉽게 인생을 적극적으로 변화시키는 힘이 되어준다.

무력감, 당장 할 수 있는 것에 집중하라

심리학자 아론 벡은 우울증의 여러 증상들을 비교했을 때 무력감, 절망, 자살 사이에 높은 상관관계가 있다는 사실을 발견했다. 무력감이나 절망에는 두 가지 원인이 있다. 하나는 방법을 찾지 못한 현실에서 오는 좌절과 '난 형편없어' '희망이 전혀 안 보여' '난 계속 이 모양 이 꼴일 거야'와 같은 부정적인 자기 평가다. 다른 하나는 인간관계에서의 충격이 초래한 자기 추궁이다. '부모님은 나한테 왜 이러시는 걸까?' '어째서 또래 애들은 날 따돌리고 괴롭히는 걸까?' 아이들의 경우 절망을 뚫고 나갈 기술이 부족하고 가치관이 성숙하지 않다 보니 이 두 가지 원인이 종종 서로 겹친다. 친밀한 관계와 기술이 부족한 탓에 자기에게 지극히 낮은 평가를 내리게 됨으로써 이중 타격을 입는 것이다.

열다섯 살 위즈魚子는 매일같이 자극적인 말로 자신을 비난하는 부모 때문에 너무나 고통스럽다.

"저런 걸 뭐 하려고 낳았을까?" "키운 보람이 없다. 변변치 못한 것 같으니라고." "열여덟 살 넘으면 네가 알아서 살아라. 나도 네가 날 부양할 거라 기대 안 할 테니까." "무슨 죄를 지어서 저런 걸 낳았을까?"

위즈는 부모의 공격을 받으면서 성격이 점점 더 나빠졌다. 물건을 집어던지고 내팽개치기 시작했다. 시간이 더 지나자 습관적으로 자신을 부정하기 시작했다. "부모님이 저런 말을 할 때마다 정말 힘들어요. 제가 쓰레기 같고 숨 쉬는 것도 잘못인 것만 같아요. 저 자신을 벌주지 않으면 미쳐버릴 것만 같다고요. 부모님 말이 맞아요. 전 형편없는 인간이에요. 너무 고통스러워요. 어떻게 해야 할까요?"

위즈는 불행하다. 위즈의 어린 시절은 가족의 모욕과 조롱, 거절 등으로 가득했고 이로 인해 심각한 심리적 위기를 맞이하고 말았다. 하지만 그와 동시에 나는 위즈가 행운아라고 생각했다. 그런 고통 속에서도 정확한 질문을 던질 줄 아는 능력이 있으니 말이다. "어떻게 해야 할까요?" 위즈의 삶을 변화시킬 계기는 이 목표지향적인 질문 속에 숨어 있다.

무력감은 극도로 나쁜 정서 같지만 긍정적인 의미도 있다. 무력감은 심리적 문제를 맞닥뜨렸을 때 경고등 역할을 한다. 문제에 관심을 기울이고 효과적인 해결 방안을 적극적으로 찾아가도록 해준다.

사실 사람은 누구나 무력감을 느낀다. 전문 심리상담사조차 그렇다. 20세기 미국에서 가장 영향력 있는 심리상담사 중 한 명인 어빈 옐롬Irvin D. Yalom은 저서 《매일 조금 더 가까이Every Day Gets a Little Closer》에서 본인과 내담자 지니 엘킨Ginny Elkin이 2년 가까이 진행한 심리치료를 담았다. 옐롬 박사는 서두에서 이렇게 밝혔다. "지니가 나를 이상화하는 모습에 어떤 때는 무력감을, 심지어 절망을 느꼈다." 그런 생각은 실제로 치료 과정에서 시시때때로 그의 마음을 뒤덮었다.

"같은 말을 여러 번 반복했지만 모든 게 다 헛수고였다."

"치료가 끝날 때 절망감을 느꼈다. 지니가 힘을 갖고 있다는 걸 어떻게 인식시켜야 할지 알 수 없었다."

"모든 게 정체되어 있다는 강렬한 느낌."

"정말 서글픈 한 시간이었다. 모든 게 점점 더 창백해진다. 너무나 좌절했고 나 자신이 무능하다고 생각했으며 어디로 가야 할지 몰라 곤혹스러웠다."

옐롬 박사를 포함한 수많은 심리 전문가들이 내담자의 모든 걸 통제할 수 없다는 사실을 발견하게 된다. 우리는 성장 과정에서 공포를 해결하려는 훈련을 끊임없이 하는데 그 과정에서 모든 걸 통제할 수 있고 모든 걸 통제해야만 한다는 착각에 빠진다. 그것이 바로 무력감과 절망의 근원이다.

심리적 탄력성을 재건하는 과정에서 우리가 먼저 해야 하는 일은 삶에 대한 통제력을 다시 체험하는 것이다. 특히 무력감과 절망에 빠진 상태에서는 '삶을 통제할 수 있다'는 느낌이 무척이나 중요하다. 그러나 여기서 통제란 결코 모든 것을 통제하는 게 아니라 지금 자기 행동을 통제하는 것이다. 우리가 통제할 수 있는 것은 지금 이 순간의 선택, 지금 이 순간의 행동뿐이다. 삶을 통제하는 비결은 통제를 포기하는 것. 역설적인 진실이다. 앞에서 언급한 위즈의 이야기처럼

5장. 감정과 이성을 조화롭게 쓰는 법

말이다.

위즈는 미성년자이고 위즈가 부모의 행동을 통제할 방법은 없다. 그래서 위즈는 더 힘들었던 것이다. 무력감 앞에서 어떻게 해야 효과적으로 통제력을 되찾을 수 있을까? 답은 일단 즉각적인 행동이 가져오는 감정의 변화에 있다. 행동심리학은 자극-행동-보상이라는 중요한 변화의 사슬을 발견했다. 행동에 효과적인 피드백이 따라오면 이후에 같은 자극이 발생할 때 그에 상응하는 행동이 아주 쉽게 유발된다는 내용이다.

나는 위즈에게 앞에서 소개했던 자세 변환법을 알려줬다. 자세를 바꾸는 과정에서 위즈는 다시 삶을 통제할 수 있다고 생각했다. 자세를 통제하는 간단한 행동이 감정을 변화시켜준 것이다. 일상생활이 너무나 많은 고통으로 얼룩져 있었던 탓에 위즈는 자세 변화 외에 감정 놓아버리기 기술도 익혀야 했다.

• 감정 놓아버리기 기술
1. 상상 : 부정적인 일이나 민망함, 공포, 부끄러움 등의 불쾌한 체험을 했을 때를 떠올린다. 그다음 긍정적인 일이나 좋은 기억, 열정 등을 체험했을 때를 떠올린다.
2. 기록 : 종이를 한 장 꺼내 한 면에는 부정적인 경험을, 다른 한 면에는 긍정적인 경험을 쓴다.
3. 전환 : 30초 동안 부정적인 경험을 기록한 면을 보면서 부정적인 감정을 느껴본다. 그다음 2분 동안 긍정적인 경험을 기록한 면을 보면서 긍정적인 감정을 느껴본다.

4. 내려놓기 : 텔레비전 채널을 돌리듯 감정을 능숙하게 전환할 수 있게 될 때까지 앞의 세 단계를 반복한다.

위즈로서는 짧은 시간 안에 부모님이 입힌 상처로부터 멀어지는 게 쉽지 않았다. 그러나 적어도 무력감과 절망이 찾아올 때 이를 효과적으로 다루는 방법을 알게 됐다. 이처럼 개인의 심리적 탄력성이 재건되면 현재의 고통이 미래까지 이어지지 않는다.

'어째서 상처받는 쪽은 늘 나인가' 같은 절망에 빠질 때면 위즈처럼 '내가 어떻게 해야 할까?'라고 질문을 바꿔보자. '어째서'가 아니라 '어떻게' 속에서 다시 삶을 변화시킬 수 있다.

앞에서 열거한 다섯 가지 정서 외에도 열등감, 고독, 고립감, 존중받지 못하는 느낌, 냉대받는 느낌, 따돌림당하는 느낌 등 불쾌한 감정은 참으로 많다. 이런 감정을 느낄 때 몸이 긴장하고 머릿속 대화가 멈추지 않는 현상이 나타난다. 이 감정들을 효과적으로 처리하려면 이 장에서 소개한 이완하기, 받아들이기, 환영하기 등의 감정 처리법과 4장에서 소개한 생각 관찰법, 생각 명명 대화법 등을 함께 쓰면 좋다.

5장. 감정과 이성을 조화롭게 쓰는 법

연습해보자

당신은 아래의 사람들에게 감정으로 인한 곤경에서 순조롭게 빠져 나올 수 있도록 실행 가능한 제안을 해줄 수 있습니까?

1. 저는 중증 우울증, 중증 불안증, 중증 공포증을 확진받았습니다. 제가 왜 이렇게 됐는지 모르겠습니다. 평상시에는 아주 명랑해요. 나쁜 감정을 억누르려고 노력하고 다른 사람 앞에서는 거의 드러 내지 않거든요. 화 낸 횟수도 손에 꼽을 정도예요. 그런데 왜 친구 들은 점점 줄어드는 걸까요? 이런 곤경에서 어떻게 빠져나와야 할 까요?

2. 가끔 죽음을 생각합니다. 머릿속에서 이렇게 고통스럽게 사느니 죽는 게 낫다는 목소리가 끊임없이 들려요. 시시각각 그 목소리와 싸워야 합니다. 바쁘게 지낸다든지, 즐거운 일을 한다든지, 기분 을 고조시킨다든지 그런 식으로요. 좋아지고 싶고 더 나은 사람이 되고 싶지만 너무 지쳐요. 어떻게 해야 할까요?

3. 일상에서 골치 아픈 일들이 돌발적으로 일어나다 보니 공부를 제 대로 할 수가 없습니다. 하지만 다들 열심히 공부하는 모습을 보

면 초조해지기 시작하고 강제로라도 공부를 시작하고 싶어요. 그렇지만 머릿속에 온갖 생각들이 떠올라서 집중이 아예 불가능해요. 그래서 너무 힘들고 자책하게 되고 제가 형편없다는 생각에 이르러요. 그리고 나면 게임이나 인터넷 등에 빠지는데 그 시간이 지나면 또 자책하게 되더라고요. 절 좀 도와주실 수 있나요?

4. 이룬 게 아무것도 없다는 게 두렵습니다. 조급해지다 보니 하는 일마다 최고로 잘 해내고 싶다는 마음이 생기더군요. 하지만 실현하는 게 정말 힘듭니다. 예를 들어, 몸매를 가꾸고 살을 빼고 싶으면 음식에서 운동까지 다 통제하기 시작해요. 체중이 55킬로그램에서 52킬로그램으로 빠져도 아직 부족하다 싶고 더 혹독하게 굴어야 한다는 생각이 드는 거예요. 어제부터는 스트레스를 견딜 수 없게 됐고 정신이 무너져 내려서 요 이틀 동안 햄버거, 감자튀김, 콜라를 엄청 먹어버렸어요. 그러고 나서 또 자책하기 시작했고 다 포기하고 싶어졌어요. 그럼 또 저 자신을 채찍질하게 되고요. 이런 일들이 수도 없이 일어나요. 어떻게 해야 할까요?

5. 요 며칠 극도의 열등감에 빠져 헤어 나오지 못하고 있습니다. 두려워하는 제 단점들이 용솟음쳐 올라오면서 공포를 한 층 더 강화해요. 제 단점들을 외면하고 싶으니까 부모님을 원망하고 가정 형편을 탓하기 시작하죠. '아이 키울 능력도 없는 분들이 왜 절 낳으셨어요? 허구한 날 저를 질책하고 다른 집 애보다 못하다고 하고 다른 사람 앞에서 제 단점을 비웃고 제 실수를 용납하지 않으시잖

아요.' 이런 생각을 하다 보면 늘 죽고 싶다는 생각이 들어요. 지나 간 일이지만 지금까지도 고통스러우니 어떻게 해야 할까요?

6. 작년에 우울증 확진을 받았습니다. 약을 먹은 뒤로 계속 좋아졌다고 생각했는데 올해 창업을 하고 일 때문에 스트레스가 너무 심했습니다. 도망갈 곳 하나 없다는 생각이 들고 하루하루 불안하고 무서워서 어찌할 바를 모르겠어요. 매일같이 저 자신을 격려하고 저 자신에게 두려워하지 말자고 불안해하지도 우울해하지도 말고 긍정적인 에너지를 발산하고 즐겁게 지내보자고 얘기합니다. 하지만 너무 지쳤어요. 감당 못할 것 같아요. 어쩌죠?

7. 심리상담을 받고 있지만 진짜 속생각과 느낌을 내뱉었다가, 특히 부정적인 감정을 내뱉었다가 심리상담사가 저를 깔볼까 봐 걱정스럽습니다. 늘 남 눈치를 보니 어떻게 해야 할까요?

6장

관계로 상처받지
않는 법

모든 심리치료는
소통 실패 문제를 해결하는 작업이다.

칼 로저스

하버드대학교의 행복 연구에서 논쟁의 여지가 없는 결론 중 하나가 인간관계가 우리의 행복 수준을 결정짓는다는 것이다. 상담을 하다 보면 내담자가 생각의 문제에 빠져 있든 감정의 문제에 빠져 있든 최초 근원이 인간관계와 관련된 경우가 많다. 사회적 욕구가 만족되지 않는 것은 인생의 가장 큰 고통 중 하나다.

고등학교 3학년인 허쟈何佳가 그렇다. 미술 전공인 허쟈는 외지에서 현장 학습 중 우연히 할머니가 한 달 전에 돌아가셨으며 본인이 장례를 놓쳤다는 사실을 알게 됐다. 부모님이 허쟈가 학업에 집중하도록 이 소식을 숨긴 것이다. 할머니와 사이가 가까웠던 허쟈는 크게 분노했다. 결국 부모님에 대한 분노는 할머니에 대한 그리움으로 바뀌었고 허쟈는 헤어 나올 수 없는 슬픔에 빠지고 말았다. 허쟈는 매일 엄마에게 하소연했지만 너무나 안타깝게도 엄마의 위로와 권유, 제안은 하나같이 효과적인 지지대가 되어주지 못했다. 내게 연락을 해왔을 때 허쟈는 이미 우울증으로 입원 치료를 받고 있었다. 허쟈는 내게 엄마와 위챗으로 나눈 대화 일부분을 보여줬다.

엄마 : 좀 낙관적이어야지.

허쟈 : 난 아주 낙관적이야. 다만 이제 나한테는 할머니가 없잖아. 내

가 가장 사랑하는 할머니가.

엄마 : 엄마는 너 이해해. 하지만 자신을 괴롭히지 마. 널 봐, 너 자신을
괴롭히다가 입원까지 하지 않았니. 대가를 치르고 있는 거야.

허쟈 : 엄마는 도대체 날 이해하기는 해?

엄마 : 난 네가 다른 아이들처럼 건강하게 자라면 좋겠어. 다른 뜻은
없어.

허쟈 : 앞으로 더는 이야기하지 말자.

허쟈 엄마는 자신에게 거울신경이 결핍됐다는 사실을 모른다. 거울신경은 타인의 행동을 통해 그 마음을 이해하려는 신경 세포다. 어머니는 본인이 허쟈의 기분을 이해했다고 착각했지만 딸에게서 "응"이라는 한마디조차 끌어내지 못했다는 사실은 모른다. 왜 어머니는 아이의 인정을 받지 못했을까? 이는 대뇌의 거울신경과 관련되어 있다.

최근 몇 년 사이 신경학자들은 원숭이의 전전두엽 피질을 연구하던 중 기이한 현상을 발견했다. 원숭이가 공을 던지고 바나나를 먹을 때 활성화되는 신경세포들이 다른 원숭이가 공을 던지고 바나나를 먹는 모습을 볼 때도 활성화된다는 것이었다. 과학자들은 이런 신경 세포에 거울신경이라는 이름을 붙였다. 거울신경은 공감 능력의 토대다. 거울신경 덕에 우리는 다른 사람의 느낌을 경험할 수 있다. 거울신경 연구의 선구자인 빌라야누르 라마찬드란^{Vilayanur S. Ramachandran} 박사는 한 편의 글에서 "나는 거울신경을 공감 신경이라고 부른다. 거울신경이 자아와 타인 사이의 장벽을 허물어주기 때문이다!"라고

적었다.

허쟈 엄마는 "엄마는 너 이해해"라고 말했지만 이는 이성적인 자기표현이지 아이의 감정을 느끼고 살피고 받아들인 것이 아니다. 감정적으로 공감받지 못했다고 느낀 아이와 엄마 사이에는 두터운 장벽이 존재할 수밖에 없다.

소통 전문가 마크 고울스톤은 여러 해에 걸친 임상 경험을 통해 거울신경 결핍 이론을 제시했다. 우리는 늘 거울로 외부 세계를 비추고 다른 사람의 욕구를 이해하며 타인의 칭찬을 얻으려고 노력함과 동시에 타인이 우리의 감정과 욕구를 알아봐주기를 바란다. 이런 갈망이 만족되지 않으면 자신이 받아들여지지 못하고 이해받지 못했다는 생각에 깊은 고통을 겪게 된다. 거울신경 결핍 이론은 인간관계에서 발생하는 수많은 문제를 아주 잘 설명한다. 상담하다 보면 정말 많은 내담자가 겨우 한두 시간 이야기했을 뿐인데 "선생님이 제 부모님보다 절 훨씬 더 잘 이해하세요"라고 말한다. 내가 내담자들을 진짜로 훨씬 더 잘 이해해서가 아니다. 나와 대화하는 과정에서 이들의 거울신경 결핍 문제가 완화되기 때문이다.

2005년 에이미 겐슬러Amy L. Gentzler는 초등학교 5학년 학생 75명과 이들의 부모를 대상으로 연구를 진행했다. 아이들에게 고통스러운 사건에 대응하는 방법을 부모와 논의해보라고 했는데 가장 훌륭하게 건설적으로 대응한 아이는 자신의 감정을 부모에게 편하게 전달한 아이였다. 아이가 불쾌한 감정을 전할 때 귀 기울여주고 받아들여주면 아이는 감정 소모에서 빠르게 벗어나 문제를 더 잘 대면하고 해결할 수 있다.

이해받지 못하면 어떻게 해야 할까

우리는 심리적 문제에 빠졌을 때 진정으로 이해받지 못하는 상황에 자주 봉착한다.

허쟈 엄마는 정말 딸을 돕고 싶었지만 딸의 슬픔을 받아들이지 못했다. 이때 허쟈는 두 가지 선택을 할 수 있었다. 첫째는 엄마를 기다리는 것이다. 하지만 내 경험에 비춰보면 이런 선택은 허쟈를 실망에 빠뜨릴 수 있었다. 두 번째 선택은 자신의 감정과 욕구를 말로 명확하게 표현하는 것이다. "엄마, 나 마음이 너무 아파. 엄마가 지금은 내 말에 집중해주면 좋겠어. 내가 조언이나 위로가 필요하다고 이야기할 때 그때 엄마가 말해주면 좋겠어."

자신의 문제만으로도 힘든 내담자에게는 이렇게 말하는 것이 몹시 어려울 수 있다. 그러나 많은 심리적 고통이 습관적으로 침묵하고 감정과 욕구를 숨기는 데서 비롯된다. 그렇게 되면 점차 자신에 대한 믿음을 잃고 감정을 다루는 능력을 잃어버린다.

또 다른 내담자 무위沐雨는 결혼 공포증으로 도움을 청하러 왔다. 다음은 무위와의 대화 내용이다.

무위 : 남자친구가 청혼을 했는데 어떻게 해야 할지 모르겠어요. 두려운데 구체적으로 무엇이 두려운지는 모르겠어요. 요 며칠 잠을 거의 못 잤어요.

나 : 두렵고 밤에 잠도 잘 못 이루는군요. 불면증이 스트레스 처리 능력을 직접적으로 악화시키니 일단 수면 문제부터 이야기해보죠.

잠이 안 올 때 무슨 생각을 하세요?

무위 : 온갖 걱정거리가 떠올라요. 내가 남자친구를 사랑하나? 나와
　　　안 맞는 사람이면 어쩌지? 나한테 잘해주지 않으면 어쩌지?
　　　엉망진창이에요. 생각이 너무 많아요.

나 : 온갖 불안에 물든 생각이네요. 방금 "내가 남자친구를 사랑하
　　나?" 이런 말을 했는데요. 결혼 이야기가 나왔는데도 여전히 본
　　인이 남자친구를 사랑하는지 확신이 안 서나요?

무위 : 저는 잘 모르겠는데 엄마는 그 사람을 참 좋게 생각하세요.

나 : 어머니가요?

무위 : 네, 엄마 때문에 제가 그 사람과 사귀는 건지 아니면 제가 정
　　　말 사랑해서 그 사람과 만나는 건지 모르겠어요. 확신이 없어
　　　서 불안해요.

나 : 음, 본인의 삶에서 어머니가 어떤 역할을 하나요?

무위 : 많은 걸 어머니에게 의지하고 있어요. 예전에 사귄 남자친구
　　　두 명과도 결혼 이야기가 오갔는데 어머니가 별로라고, 결혼
　　　은 안 된다고 하도 반대하셔서 결국 헤어졌어요.

　　상담이 진행됨에 따라 무위의 문제는 점점 더 명확해졌다. 무위
가 맞닥뜨린 문제는 결혼 공포증이 아니라 자아 상실이었다. 어머니
의 고강도 통제 아래 무위는 점차 독립하는 능력을 상실했고 자기감
정을 믿을 수 없게 됐다. 자기 의심은 지속적인 마음의 상처를 초래
한다. 무위는 감정을 구분하고 믿는 법을 다시 배워야 했다. 그래서
감정을 표현하는 어휘들을 새로 보충해나갔다. '아주 좋다' '너무 싫

다'처럼 두루뭉술한 표현보다는 구체적인 묘사가 더 명확하고 더 정확하게 감정을 표현해준다. 자기감정을 표현하는 연습을 할 때 다음의 어휘표를 참조하면 좋다.

- 감정 어휘표

1. 꼭 습득해야 할 어휘

  자부하다, 수치스럽다, 우울하다, 슬프다, 흥분된다, 즐겁다, 분노하다, 두렵다, 무력하다, 절망하다, 나약하다, 궁금하다, 독립적이다, 막막하다

2. 확장형 어휘

  기쁘다, 달콤하다, 감격하다, 감동하다, 낙관하다, 자신하다, 분발하다, 유쾌하다, 행복하다, 도취하다, 만족하다, 평온하다, 자유롭다, 편안하다, 느슨하게 풀어지다, 안전하다, 따뜻하다, 위로하다, 근심하다, 불안하다, 낙담하다, 귀찮다, 불만족하다, 짜증나다, 놀라다, 실망하다, 곤혹스럽다, 막연하다, 외롭다, 고독하다, 답답하다, 비관하다, 양심에 찔리다, 부끄럽다, 유감스럽다, 긴장하다, 미치다, 격분하다, 마음이 산란하다

우리는 일상생활에서 자신을 감정과 묶어놓는 데 익숙하다. 이를테면 습관적으로 "폭발할 것 같아" "너무 슬퍼" "화가 치밀어 올라" 같은 표현을 쓴다. 이런 표현 속에서 우리는 감정과 일체가 되어버리는데 그러면 차분하게 감정을 처리하기가 힘들다. 때문에 "무엇을 느낀다"라는 식의 문장 사용을 권하는 것이다. 이런 표현은 지금 감정

은 그냥 감정일 뿐 나 자신이 아니라는 점을 일깨워준다. 이렇게 자아와 감정을 분리하는 과정에서 문제를 처리할 더 많은 자유를 얻게 된다.

허쟈는 어느 날 밖에서 어이없는 일을 겪었다. 식당에서 한 종업원에게 억울한 일을 당하고 욕까지 먹은 것이다. 저녁에 집으로 돌아와서 엄마에게 하소연했다. 이번에는 엄마가 "엄마는 너 이해해"라고 말하지 않고 휴대폰을 꺼내 들더니 "내가 전화해서 그 종업원한테 얘기 좀 해야겠다"라고 말했다. 허쟈의 눈에 눈물이 어렸다. "엄마, 엄마가 드디어 날 이해하게 됐네!" 자신의 감정을 입 밖으로 내뱉거나 다른 사람이 내가 감정을 표현하도록 도와줄 때, 긴장한 신경이 신속하게 이완되면서 감격이라는 감정이 생겨난다.

심리학자 수전 데이비드Susan David는 조직이 직원에게 자아를 진실하게 느끼고 표현하도록 허락하면 조직에 활력과 창조력이 가득해진다는 사실을 발견했다.

욕구 또한 명확히 말할 필요가 있다. 모호한 욕구는 상대방을 우울하고 불안하게 해서 결국 사람 사이의 충돌을 야기하는 경우가 아주 많다.

어느 날 밤 아내가 내 옆에 앉더니 고통스러운 표정을 지었다. "여보, 목이 굳어서 움직일 수가 없어." 나는 아내를 흘끗 바라보고는 말했다. "내일 병원에 가서 마사지 받거나 침 좀 맞아봐."

잠시 뒤 아내가 또다시 말했다. "지난번처럼 될까 봐 무서워. 침대에서 일어나지도 못했는데." 나는 말했다. "아닐 거야. 내일 의사한테 가봐."

"마비가 올 것 같아." 아내가 또다시 말하자 나는 짜증이 났다. "어쩌자는 거야? 내가 의사도 아닌데 계속 목 아프다고 하면 어떡해? 내가 치료해줄 수 있는 것도 아닌데! 어떻게 해주길 바라는 건데?"

"좀 주물러 달라는 거 아냐!" 아내도 분노를 터뜨렸다.

인간관계에서 오해를 피하고 싶으면 원하는 바를 분명하게 표현해야 한다. 하지만 과하다 싶을 정도로 두루뭉술하게 표현하는 경우가 대부분이다. "말할 때 몸을 똑바로 세우고 눈으로 관중을 바라보고 목소리를 좀 더 크게 내시기 바랍니다"가 아니라 "자신감을 더 가지세요"라고 말하는 것처럼 말이다. "제가 알아서 공부 시간을 정하고 싶어요"가 아니라 "간섭하지 마세요"라고 말하는 것도 마찬가지다. 모호한 욕구 표현은 종종 의외의 지점에서 좌절을 안겨준다. 따라서 거울신경 결핍의 문제를 더 잘 해결하고 싶다면 욕구를 더 구체적으로 더 분명하게 표현해야 한다.

저명한 게임이론 학자이자 사회심리학자인 아나톨 라포포트 Anatol Rapoport는 소통 문제를 해결하기 위한 효과적인 행동 규칙을 제안했다. 규칙은 아주 간단하다. A가 생각을 표현할 때 B는 경청하면서 말을 끊지 않는다. A가 말을 다 한 뒤 B는 자신의 언어로 A가 전하고자 한 메시지를 다시 말한다. A가 듣기에 B가 본인의 메시지를 제대로 표현하지 못했다 싶으면 B는 다시 말해야 한다. B가 제대로 이해했다고 A가 인정한 뒤에야 B는 자신의 관점을 말할 수 있다. B가 말할 때 A도 같은 규칙을 따라야 한다.

가족이나 사랑하는 사람과의 관계에서 소통 문제가 생겼다면 라포포트의 규칙을 토대로 아래의 간단한 연습을 해보는 것도 괜찮다.

- 사랑 표현의 기술 : 매주 10~15분 연습할 것

1. 욕구 제시하기 : 종이를 한 장 꺼내 상대가 어떤 행동으로 자신을
   사랑해주기를 바라는지 쓴다. 구체적이고 분명하게 묘사한다.

2. 욕구 교환하고 토론하기 : 서로의 욕구를 교환하고 상대방이 맞다
   고 인정해줄 때까지 자신의 언어로 상대의 욕구를 표현한다.

3. 의문이나 다른 의견 교환하기 : 상대의 욕구 중에 자신이 동의할
   수 없는 부분이 있다면 다시 토론한다. 만약 아이가 "게임할 때 간
   섭하지 마세요"라고 요구했다면 이는 본질적으로 아이의 성장을
   저해할 수 있으므로 부모는 균형적으로 아이의 욕구를 받아들여야
   한다. 매일 게임 시간을 정해두는 방식으로 말이다.

4. 상대방에게 감사 표현하기 : 자신을 응원하고 이해해주는 데 감사를
   표한다. 두 번째 주부터는 감사하는 시간을 맨 앞에 가져도 좋다.

상담 중에 이렇게 묻는 사람들이 있다.

"여자친구에게 제 슬픔을 표현하고 싶습니다. 여자친구가 제 말
을 경청해주고 응원해주면 좋겠습니다. 하지만 그랬다가 여자친구의
기분만 상하면 어쩌죠?"

"제가 한 말을 상대가 비웃으면 어떡하죠?"

"제가 이렇게 했는데도 그 사람이 제 말을 무시하면 어떡하죠?"

이런 걱정의 배후에는 내담자들이 상대와의 문제 해결보다 본인
의 두려움을 없애고 싶어 한다는 사실이 자리한다.

어떤 내담자들은 혼자서 판단을 내리고 결론까지 도출해버린다.

"엄마와는 소통이라는 걸 할 수가 없어요. 무슨 말을 해도 이해

못하세요."

"감정 표현에 익숙하지가 않아요. 말을 해도 소용이 없는 게 가식 떤다는 소리까지 들었거든요."

"상대가 동의하지 않는 생각을 이야기할 때마다 싸움이 시작돼요. 싸우고 싶지 않으니까 웬만하면 말을 안 하게 되더라고요."

"사실 그 사람들과 소통하고 싶지 않은 게 아니라 소통하는 게 너무 힘들어요. 그 사람들은 제 생각과 감정을 아예 신경도 안 쓰고 그냥 어떻게 해야 한다느니 이런저런 거창한 이야기만 해요. 그런 말은 듣고 싶지 않다고요. 매일매일 너무 눌려 지내는 느낌이에요. 곁에 하소연할 수 있는 사람이 없다 보니 슬슬 말하기가 싫어져요."

표현했는데 기대했던 대답을 듣지 못하고 도리어 공격을 당하거나 질책을 받으면 자연스럽게 표현을 덜하는 쪽을 택하게 된다. 심리학에서는 이를 '학습된 무기력'이라는 중요한 현상으로 본다. 얘기해봤자 시간 낭비에 불과하다는 생각이 들면 스스로에게 이렇게 말해볼 수 있다. '해봤자 소용없다고 방금 생각했어. 나도 알아챘다고. 알려줘서 고마워. 그래도 나는 목표를 향해 나아가야 해!'

오랫동안 좌절을 겪으면 기꺼이 고통을 감당하려 하고 서서히 바라는 바를 포기하게 된다. 표현하는 언어 수준도 빠르게 떨어진다. 무력감을 없애고 삶의 주도권을 가져오고 싶다면 일단 본인이 바뀌어야 한다. 그러니 어렵더라도 자신의 감정과 욕구를 명료하고 솔직하게 표현하는 연습을 포기하지 말자.

어떤 상황에서도 통하는 소통의 기본

심리적 문제에 빠지면 순식간에 소통이 힘들어진다. 이는 상당 정도 인간의 생리적 특징에서 비롯된다. 인간의 몸에는 투쟁-도주 패턴과 소화-휴식 패턴이라는 전혀 다른 반응 패턴이 있다. 소통 과정에서 몸이 긴장하거나 외부의 위협을 느끼면 몸이 자동으로 투쟁-도주 패턴으로 진입한다. 자기도 모르게 방어적으로 변하며 가능한 모든 위협을 찾고 확대해서 공격적으로 표현하기 시작한다. 자신을 보호하기 위해 용감하게 싸우는 것이다. 관계에서 이는 파국적인 선택이다. 방어적인 경청과 공격적인 표현은 친밀한 관계를 심각하게 훼손한다.

한번은 아들과 카드놀이를 하며 논 적이 있다. 처음엔 둘 다 기분이 아주 좋았다. 그런데 내가 불현듯 깜빡 잊고 하지 못한 일이 생각나서 급히 자리에서 일어나야 했는데 아들이 간절하게 나를 붙잡았다. "아빠, 가지 마." 나는 아이를 외면했고 나를 잡아끄는 아이의 손을 뿌리쳤다. "그만 좀 해라. 아빠 일 있다니까!" 억울해하는 아이를 본 순간 깜짝 놀라 깨달았다. '세상에, 내가 투쟁 모드에 들어가버렸네!'

학교에서 따돌림을 당한 학생이 내게 엄마와 나눈 대화 기록을 보여줬다. 대화 앞부분에서 학생은 자신이 느낀 막막함을 이야기했다. 그 안에서 쌍방의 정서 변화가 뚜렷이 보였다.

딸 : 아무도 나랑 친구가 되어주지 않아. 다들 날 따돌려.

엄마 : 이렇게 나약해서 어쩌니? (질책성 답변. 딸은 원했던 감정적 공감을 얻지 못했다)

딸 : 내가 뭘 어쨌는데? 가서 죽으면 되겠어? (딸은 방어와 자기 공격으로 어머니의 태도에 신속하게 대응했다)

엄마 : 살면서 제일 힘든 게 돈 버는 일이라고 생각했는데 아니더라. 자식 교육이었어. 어려서 밥도 먹을 줄 모르던 걸 가르치며 안쓰러워하던 게 엊그제 같은데 너는 너 자신을 더 안쓰러워하는구나. 에휴! (어머니는 자기감정을 토로하는 쪽으로 태도를 전환했고 딸은 이를 새로운 공격으로 받아들였다)

이렇게 공격과 방어로 가득 찬 대화는 대화가 아니다. 이 문제를 해결하려면 두 가지 기술이 필요하다. 첫째는 상대가 방어기제를 쓰지 않고 이성을 잃지 않을 정도의 비공격적인 표현, 둘째는 상대의 공격적인 태도를 달래고 이성의 뇌를 활성화하게끔 돕는 개방적인 경청이다. 비공격적인 표현을 위해서는 초점을 나, 사건, 감정, 욕구, 기대에 맞춰야 한다. 불공평한 대우를 받았다는 생각이 들 때 "그쪽에서 절 겨냥해서 설계한 방안이잖아요"라고 말하면 초점이 상대에게 넘어가게 되고 '절 겨냥해서'라는 사건이 아닌 내 판단이 개입하게 된다. 이런 표현은 상대를 신속하게 투쟁-도주 패턴으로 진입하게 하고 소통의 문도 닫아버린다.

내 각도에서 사건과 감정을 새롭게 보여줘야 한다. 또는 내 욕구를 덧붙일 수도 있다. 이를테면 이렇게 말하는 거다. "이익 분배 방안을 보고 정말 실망했습니다. 제 이익도 고려한 방안이 나오길 바랍니다." 여기서 대화의 핵심은 '나의 감정과 욕구'다. 질책하지 않았는데도 소통은 더 쉽게 흐른다. 메시지를 효과적으로 전달하는 것 외에 상대의 공격을 효과적으로 무마하는 것도 필요하다.

한번은 강연에서 심리적 탄력성을 재건하는 방법을 연습하고 있었는데 한 수강생이 큰소리로 내게 말했다. "말씀하신 것 저 다 해봤어요. 하지만 아무 소용없더라고요. 그러니 더는 허튼소리 하지 마세요. 아무 소용없어요."

순간적으로 나는 얼이 빠졌고 얼굴도 시뻘게졌다. 누구나 이런 경험이 있을 것이다. 공격을 당하면 우리는 신속하게 힘을 동원해서 반격을 시작한다. 다행히도 나는 내 반응을 빠르게 감지할 수 있었다. 수치심을 호기심으로 빠르게 대체하고 그의 감정에 귀 기울였다. 그래서 대화는 이렇게 바뀌었다.

"화가 많이 났군요. 그 방법들이 아무런 효과가 없어서인가요?"

"네, 3년 됐습니다. 고통 속에서 3년을 보냈고 상담사를 여러 번 바꿨어요. 다들 저를 많이 위로해줬고 제안도 많이 해줬지만 아무 쓸모없더군요."

"3년을 노력했는데도 소득이 없어서 정말 실망이 컸겠어요."

"삶이 완전히 엉망이 되고 말았습니다."

내가 귀를 기울이자 그 사람은 압박감을 점차 풀었고 10분 뒤 우리는 계속해서 하던 연습을 진행할 수 있었다. 그는 진지하게 연습했고 나를 진심으로 신뢰하는 수강생 중 한 명이 됐다.

상대가 공격-방어 패턴에 진입하면 나도 본능적으로 같은 상태에 빠지게 된다. 그렇게 되면 서로가 더욱 격렬한 충돌에 빠진다. 같은 패턴으로 바뀌는 대신 세 마디로 상대방이 방어 태세에서 빠져나오게 도울 수도 있다. 그렇게 소통을 정상 궤도로 되돌리는 것이다.

예를 들어 상담 중 어떤 부모가 이렇게 물었다. "딸아이가 네 살인데 성격이 너무 거칠고 급합니다. 아이들과 놀다가 갈등이 생기면 말을 늘 극단적으로 내뱉어요. '너 때려죽이고 싶어' '너 죽이고 싶어' 이렇게요. 어떻게 해결해야 할까요?"

하버드대학교 정신의학과 로스 그린Ross W. Greene 교수는 일찍부터 성격이 난폭한 아동에게 관심을 기울였다. 30년간의 연구를 통해 조울증, 적대적 반항 장애Oppositional Defiant Disorder, 간헐적 폭발 장애 Intermittent Explosive Disorder, 주의력결핍과잉행동장애Attention Deficit Hyperactivity Disorder 등의 진단이 아이들의 행동 개선에 아무런 도움이 되지 않음을 깨달았다. 나 역시 경력을 쌓으면서 이런 아이들을 효과적으로 도우려면 부모가 새로운 방법을 택해야 한다는 사실을 발견했다. 그중 하나가 세 마디를 활용한 소통법이다.

첫 마디에서는 아이가 본인의 감정을 명확하게 표현할 수 있게 도와준다. "우리 아기, 정말 화가 많이 났네, 그렇지?" 정서 관리의 첫 번째 비결은 효과적인 표현이다. 자기 감정이 무엇인지 정확하게 구별하고 명확하게 표현하면 이해받았다고 느끼게 되는데 이것이 정서가 무너지는 것을 신속하게 막아준다. 그래서 강렬한 감정에 사로잡힌 아이를 도와주고 싶다면 아이의 감정을 식별해서 언어로 표현하게 해줘야 한다.

아이가 공감하면 두 번째 말을 꺼낸다. "우리 아기, 기분이 어떠니?" 처음에 아이는 막연해할 것이다. 그러니 일단 부모가 자신의 감정을 명확하게 표현해서 아이에게 시범을 보여주는 게 좋다. "엄마는 (또는 아빠는) 화가 나면 몸 안에 공기가 들어 있는 것 같은 느낌이 들어. 공기가 계속해서 쌓이고 또 쌓이는 거지. 그러고 나면 크게 소리치고 싶어져. 지금 네 기분이 어떤지 말해줄 수 있겠니?"

이렇게 시범을 보여주면 아이가 감정을 어떻게 설명할지 배우게된다. 아이가 호기심을 갖고 자신의 분노를 관찰하고 묘사할 때 분노는 훨씬 더 쉽게 사라진다. 아이가 분노에 관심을 기울이면 더 큰 분노를 느끼게 될까 봐 걱정하는 부모가 많은데 이는 잘못된 생각이다. 회피나 무시가 아니라 더 깊이 체험하고 묘사해야 효과적으로 감정을 처리할 수 있다. 이것이 바로 공격-방어 패턴에서 빠져나오는 두번째 단계인 호기심 불러일으키기다. 호기심이 유발한 자기 인식은 불쾌한 감정을 신속하게 약화시킨다.

언어로 표현하는 와중에 아이의 감정은 빠른 속도로 전환된다. 아이가 관찰과 묘사를 멈추면 세 번째 말을 던져본다. "무슨 일이 일어났는지 엄마랑 아빠한테 말해줄래?"

아이의 고민은 첫째, 욕구를 이해받지 못하고 둘째, 마음속 말을 표현할 방법이 없다는 데 있다. 아이가 말로 사건을 묘사하고 감정을 표현하기 시작하면 파괴적인 행동이 점차 줄어든다. 마음을 털어놓으면서 괴롭던 감정도 점차 약해질 것이고 어쩌면 아이 스스로 표현을 멈출 수도 있다. 이때 부모는 한 단계 높은 질문을 던져볼 수 있다. "엄마랑 아빠한테 하고 싶은 말이 더 있니?"

앞의 세 마디가 효과를 발휘했다면 아이는 아마 당신에게 이렇게 말할 것이다. "없어요. 저 괜찮아요." 이런 말을 들으면 부모는 아이가 강렬한 감정에서 벗어나도록 돕는 데 성공한 것이다. 이제 다음 수순을 밟아볼 만하다. 다음 수순이란 아이와 함께 해결 방안을 찾아서 다양한 감정 속에서 스트레스에 대응하는 능력을 기르는 것이다.

이 세 마디는 물론 성인에게도 적용된다. 감정과 욕구에 대한 내 표현에 상대방이 "그래" 또는 "맞아"라고 대답할 때 효과적인 경청과 소통이 시작된다.

이제는 자신의 소통 패턴을 이해할 필요가 있다. 어떤 패턴이냐에 따라 상대가 받는 느낌이 전혀 달라진다. 샤오예小燁는 스물다섯 살 여성이다. 샤오예의 고민은 전 남자친구와 헤어지고 2년이 지났지만 적합한 다른 사람을 찾지 못했다는 것이었다. 다음은 샤오예와 내가 나눈 상담 대화의 일부다.

샤오예 : 두 사람과 데이트를 했는데 어찌 된 영문인지 한두 번 데이트를 하고 나면 다음 약속을 잡지 않았어요.

나 : 정말 곤혹스럽겠네요. 데이트할 때 무슨 일이 있었나요?

샤오예 : 그런 거 없어요. 전 정말 좋았거든요. 그중 한 남자와는 근사한 레스토랑에서 식사도 했어요. 우리 둘 다 무척 즐거웠는데 그러고 나서는 저한테 연락을 하지 않는 거예요.

나 : 음, 정말 이상하군요. 식사하면서 무슨 일이 있었나요?

샤오예 : 그냥 이야기를 했어요. 그 사람이 레스토랑이 마음에 드는지 물어봤을 때 그럭저럭이라고 말했죠. 그런 식의 대화를 나눴어요.

나 : 그럭저럭이라고 말했다고요? 별로였나요?

샤오예 : 아뇨. 실은 엄청 마음에 들었어요. 제가 호들갑 떠는 걸 좋
　　　　아하지 않아서 습관적으로 감정 표현을 덜하는 편이거든요.
　　　　저한테 이런 곳에 자주 오는지 묻더라고요. 가본 적 없다고,
　　　　처음이라고 대답했고요.

나 : 상대방이 실망하지 않던가요?

샤오예 : 좀 그렇긴 했지만 제가 계속 괜찮다고 이야기했다니까요!

　　샤오예의 문제는 무미건조한 소통 패턴으로 데이트 상대에게 부
정적 메시지를 던진 것이다. '나한테 흥미가 없구나. 내가 짠 데이트
코스를 마음에 들어 하지 않는구나!' 이런 메시지 말이다. 사오예는
어쩌다 오해를 사게 됐을까? 표현의 네 가지 모델을 살펴보자.

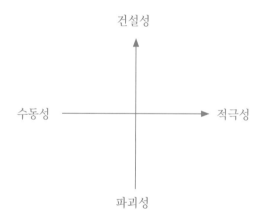

　　적극성과 수동성, 건설성과 파괴성 이 두 개의 차원으로 서로 다
른 네 가지 유형의 표현을 할 수 있다. 간단한 예를 보자.

밤늦게 남편이 신이 나서 집으로 돌아왔다. "여보, 좋은 소식이 있어. 오늘 회사에서 나를 정식으로 북부 지역 총 매니저로 임명했어!"

대답 패턴 A : 응, 정말 잘됐네. 진짜 멋져! (건설적이지만 열정은 부족한 대답)

대답 패턴 B : 와, 정말 너무 기쁘다. 그렇게 오래 노력하더니 드디어 회사에서 인정받았네. 우리 어디 가서 축하라도 하자! (열정적이면서도 건설적인 대답. 완벽한 소통을 유도한다)

대답 패턴 C : 알았어. 근데 내 열쇠 봤어? (냉담하고 파괴적이기까지 한 대답)

대답 패턴 D : 당신 미쳤지? 그게 무슨 좋은 소식이야? 안 그래도 집에 붙어 있는 날이 없으면서 이제 아주 각지로 출장을 가겠네. 1년에 한 번은 볼 수 있는 거야? (적극적으로 파괴적인 대답. 최악의 대답 패턴으로 모든 행복을 일러버린다)

앞에서 언급했던 거울신경 결핍을 기억하는가? 우리의 감정이 타인에게 받아들여지지 않아 기대가 무너질 때 우리는 어마어마한 우울감을 느낀다. 샤오예의 무미건조한 대답 패턴은 상대의 거울신경을 만족시키지 못했다. 부부 관계에서야 서로의 소통 패턴에 익숙해지면 큰 상처를 받지 않을 수 있지만 새로 만난 연인 관계에서 무미건조한 대답은 오직 하나의 해석을 의미할 뿐이다. '나한테 관심이 없구나.'

정보 수용에 관한 연구에 따르면 우리가 소통 과정에서 얻는 메시지 중 내용에서 얻는 메시지는 7퍼센트밖에 되지 않으며 38퍼센트는 음성과 말투에서, 나머지 55퍼센트는 신체 언어에서 나온다. 그래서 저명한 부부심리치료사 스탠 탯킨Stan Tatkin은 소통에 문제가 있다면 몸의 자세, 행동, 습관 등을 바꾸라고 한다. 탯킨은 더는 상대방을 바라보지 않고 말하는 부부에게 상대방의 눈을 보라고 가르친다. 경험상 이것이 오해를 줄이는 가장 효과적인 방법이기 때문이다.

습관을 고치기란 몹시 어렵다. 하지만 상대의 기대를 이해하고 소통 패턴이 전하는 메시지를 이해하면 많은 오해를 피할 수 있다.

갈등의 진짜 원인을 찾아라

감정 관리도 잘하고 대인관계 소통도 잘하는데 여전히 관계가 힘들다면 갈등의 진짜 원인을 잘못 찾았기 때문인지도 모른다. 천나陳娜처럼 말이다. 천나 부부는 아들을 낳은 뒤 관계가 삐걱거리기 시작했다. 고집스럽고 냉담한 시어머니가 오신 탓이었다. 천나의 입을 통해 시어머니와 함께 지낸 다음 상황들을 듣고 있으니 마음이 짠해졌다.

상황 1 : 아들 돌잔치

"아이고, 얼마나 좋으실까. 며느님이 떡두꺼비 같은 손자를 낳아줬으니. 얼마나 귀여워요!" 이웃들이 시어머니에게 축하 인사를 건넸으나 시어머니는 시큰둥하게 말했다. "행복하기는 뭐가 행복해요? 내가 그렇게 예쁜 손녀나 하나 낳아달라고 했는데 손자를 낳았잖아요. 딸이었으면 우리 아들 닮아서 얼마나 귀여웠겠어요."

상황 2 : 산후조리 중

천나가 "여보, 창문 좀 닫아줘. 좀 춥네"라고 하자 시어머니가 대뜸 이렇게 말했다. "춥긴 뭐가 춥니? 더워 죽겠네. 됐다. 닫아라. 다 저한 테 맞춰주고 있으니, 원. 나는 열이 나 죽겠는데."

천나가 "어머님, 밥이 뜸이 덜 들었네요. 너무 딱딱해요"라고 말하자 시어머니는 "난 고두밥이 좋다" 하며 무시했고 "어머님, 두부가 쉰 것 같아요. 맛이 좀 시큼하네요"라고 하자 "애가 이렇게 까다롭니? 이래 서야 어디 너 모시고 살겠니?"라고 화를 냈다.

상황 3 : 부부간의 대화

"여보, 친정엄마가 며칠 와서 산후조리 좀 해주시게 어머님께 집에 가 계시라고 말씀드려줄 수 있어? 내가 힘들어서 그래"라는 천나의 말에 남편이 이렇게 쏘아붙였다. "만날 어머니 결점 좀 들춰내지 마. 엄마도 힘드셔. 쉰 넘어서 아버지랑 이혼까지 하셨잖아. 우리 집에 계시지 말라니 그럼 어디 가 계시라는 거야?"

상황 4 : 친정어머니가 오시는 일에 대해

천나가 조심스레 말을 꺼냈다. "어머님, 제 산후조리 때문에 어머님 도 정말 힘드셨잖아요. 친정엄마한테 며칠 부탁하려고요. 엄마가 보 고 싶기도 하고요." 그러자 시어머니는 "내가 산후조리 잘 못해줬다 고 쫓아내려는 거냐?"라고 화를 냈다. 천나는 다시 침착하게 "어머님 을 쫓아내려는 게 아니라 친정엄마가 보고 싶어서 그래요. 어머니도 딸이셨으니까 이해해주시면 좋겠어요"라고 말했지만 시어머니는 아들 앞에서 대성통곡하기 시작했다. "어쩌자고 저런 며느리를 데려온 거니? 허구한 날 나 쫓아내려 하고 내가 쓸모없다 하고. 얼른 갈라서든지……."

    사실 천나는 감정 조절 능력이 상당히 괜찮은 편이다. 오랫동안 남편의 지지를 받지 못하는 상황에서도 본인의 감정을 잘 조절해서 시어머니와의 문제를 처리하려 했다. 그러나 시간이 가면서 남편을 포함해 점점 더 많은 사람이 천나에게 참으라고 요구하자 내면의 균형을 잃기 시작했다. '그럼 내가 어떻게 해야 하는데? 이렇게 사는 거 정말 너무 힘들어!' 도움을 받지 못하는 상황에서 천나는 점점 더 결혼의 가치에 의심을 품게 됐고 이혼을 고려하게 됐다.

    천나의 목표는 감정을 더 잘 조절하고 시어머니와의 관계를 잘 처리하는 것이었다. 그렇지만 내 눈에는 이 갈등의 진짜 원인을 잘못 안 게 명백했다. 시어머니와의 관계 개선이 무척 중요하기는 하지만 진짜 개선이 필요한 건 남편과의 관계였다. 천나의 문제는 고부 관계가 아니라 부부 관계였다.

    결혼의 토대에는 서로에 대한 존경, 사랑 그리고 지지가 있다. 그러나 남편은 지지는커녕 적이 되어가고 있었다. 당신이 희생해야지, 어머니는 노인이니까 이해해드려야지, 당신이 먼저 바뀌어야지 등 아내의 감정, 권리, 욕구를 무시하고 행동을 강요했다. 천나의 내면에서 억울함과 분노가 점점 강해져 실망, 막막함, 절망으로 변한다면 이는 필히 부부 관계의 붕괴로 이어질 것이었다.

    내가 이렇게 말했을 때 천나는 눈물을 흘렸다. "그 말이 맞아요.

스트레스가 아무리 커도 남편이 잘 이해해주고 지지해줬다면 훨씬
나았을 거예요."

　자기 변화가 심리적 문제에서 벗어나는 기반이기는 하지만 타
인과 관련될 때는 관계 패턴과 신체 언어를 조절하는 방법을 써야 한
다. 만일 이런 쪽으로 해결하기 힘든 어려움을 겪고 있다면 최선의
선택은 전문가의 지원을 받는 것이다.

연습해보자

아래의 대화를 관찰하고 생각해보자. 어떻게 대답해야 효과적으로 소통할 수 있을까? 어떻게 대답하면 효과적인 소통이 되지 않을까? 그렇게 생각하는 이유는 무엇인가?

1. 갑 : 어떻게 된 게 또 실수를 저질렀네. 난 정말 바보야!

① 단순한 일을 하면서도 실수를 저지르니. 너 때문에 못 살겠다!

② 실수한 게 뭐 어때서? 너 바보 아니야.

③ 괴로워할 게 뭐 있어? 세상에 실수 안 하는 사람이 어디 있냐? 네가 성인군자도 아닌데.

④ 제대로 할 수 있다고 생각했는데 실수를 해서 너 자신한테 엄청 실망했구나. 그렇지?

2. 딸이 기대에 부풀어 시에서 개최한 배드민턴 대회에 나갔는데 결승 코앞에서 떨어지고 말았다. 크게 낙담한 딸이 한쪽에 숨어서 눈물을 떨어뜨리고 있다.

① 힘내. 아빠는 네가 정말 잘했다고 생각해!

② 아빠는 네가 결승전에 올라갔어야 했다고 생각해. 심판이 눈이 삔 것 같더라. 그 사람 때문에 결승전에 못 간 거야.

③ 상심하지 마. 아빠 믿어. 배드민턴은 중요하지 않아. 넓게 보렴.

④ 결승전에 못 올라가서 너무 속상하구나. 그렇지?

3. 갑 : 난 이렇게 자질구레하고 하찮은 일을 하는 게 제일 싫어. 아무 가치가 없잖아.

① 자질구레하고 하찮은 일을 해줘야 중요한 일에 집중할 수 있어!

② 하나같이 장군만 되고 싶어 하면 그 군대가 어떻게 되겠냐?

③ 음, 훨씬 더 가치 있는 일을 하고 싶은 거로구나!

④ 좀 참아봐. 나도 회사에 막 들어갔을 때는 이런 일을 했어.

4. 엄마 : 내가 지금 너한테 원망을 좀 듣는 한이 있더라도 너 평생 고생하면서 사는 꼴은 보고 싶지 않구나.

① 엄마는 어쩜 그렇게 이기적이야?

② 나 그 사람 사랑해. 나한테는 하고 싶은 일을 할 자유가 있어. 엄마가 간섭할 일 아니야.

③ 엄마, 안심해. 나 행복할 거야.

④ 내가 고생할까 봐 걱정하는 거지? 행복하지 않을까 봐. 그렇지?

5. 남편 : 매일 출근하는 것만으로도 피곤해 죽을 지경인데, 집에서까지 잔소리를 들어야 하다니. 나 좀 편하게 놔줄 수 없어?

① 당신만 피곤하고 난 안 피곤해? 본인이 망쳐놓은 일들 좀 보고 말해보시지 그래?

② 당신은 날 사랑하지 않는 거야. 말하면서 점점 더 성질부리고 점

점 짜증도 심해지고.

③ 우리가 좀 더 즐겁게 시간을 보내길 바라는 거네. 그렇지?

④ 나도 좀 편하게 있고 싶어. 그런데 집안 꼴 좀 보란 말이야! 당신
은 이 꼴을 보고도 짜증이 안 나?

6. 아들이 식당에서 소란을 피우자 엄마는 기분이 엉망이 됐다.

① 좀 가만히 있을 수 없니? 여긴 공공장소야. 어쩜 이렇게 예의가 없어!

② 입 좀 다물어!

③ 철 좀 들어라!

④ 여기 식당이야. 공공장소지. 그러니까 조용히 다른 사람을 방해하
지 않는 게 예의 바른 행동이란다. 말소리 좀 줄여서 예의 바른 어
린이가 되어줄 수 있겠니?

**7. 갑 : 견딜 수가 없어. 살아 있는 1분 1초가 고통이야. 죽으면 벗
어날 수 있을지 모르지.**

① 제발 그런 생각하지 마. 사는 게 얼마나 행복이니. 일상의 흥미롭
고 재미있는 일들을 생각해봐.

② 이 정도면 만족하고 살아야지. 난 네가 틀렸다고 봐. 너보다 훨씬
비참한 나도 죽고 싶다는 생각은 안 한다고.

③ 좀 성숙해질 수 없니? 조그만 일 하나 생겼다고 죽네 사네 하지 좀
말라고! 누구 관심 끌려고 이러는 거니?

④ 너무 절망적이어서 희망이 보이지 않는 거야, 그렇지?

삶의 고민에
대처하는 법

성공=정확한 방법+고된 노동+침묵

아인슈타인

2016년 킹스칼리지의 생물정신의학원 교수 카민 파리얀테Carmine Pariante는 연구 보고서를 통해 대략 절반의 우울증 환자에게 첫 항우울제 처방이 쓸모가 없으며 약 3분의 1의 환자에게는 어떤 약물도 효과가 없다는 데이터를 발표했다. 심리적 문제를 처리하는 과정에서 의사의 지시와 복약 처방을 따르는 것보다 중요한 것은 생각, 감정, 인간관계 기술 등 본인에게 부족한 각종 문제 처리 기술을 시기적절하게 보충하는 것이다.

하지만 이는 뚜렷한 자기 인식, 즉 본인의 감정, 생각, 행동에 대한 이해가 있어야 가능하다. 상담 과정에서는 내담자가 자기 인식 능력을 키울 수 있도록 상담사가 이끌어줄 수 있지만 모든 사람이 필요할 때 심리적 고충을 해결해줄 심리상담사를 만날 수 있는 것은 아니다. 그러니 평소에도 자기 인식 능력을 키워두는 것이 좋다.

내 뜻대로 되지 않는 현실에 대하여

중국에 이런 옛말이 있다. "열에 아홉은 뜻대로 되지 않는 게 인생사다." 모든 사람이 매일 수많은 충격을 받으며 살아간다. 그중 강도가 센 것은 우리의 감정과 행동에 심각한 영향을 준다.

왕징王靜의 아버지는 암 말기 진단을 받고 수술을 받은 뒤 집에서 요양 중이었다. "아버지는 본인에게 남은 시간이 많지 않다는 데에 크게 상심하셔서 이게 다 무슨 소용이냐고, 며칠 남지도 않았으니 혼자 있게 달라고 하세요. 제가 뭘 할 수 있을까요?"

왕징의 아버지는 삶에 대해 저렇듯 결론부터 내려버렸는데 이렇게 되면 모든 삶이 정체된다. '끝났어' '어떻게 하지' '어떻게 이럴 수가' 하는 생각이 든다는 건 삶이 정체됐다는 것을 의미한다.

이런 정체를 끝내려면 고통, 즉 불쾌한 감정을 직시하고 그 안으로 과감히 들어가야 한다. 아버지가 "사는 게 무슨 소용이냐"라고 말할 때 왕징은 이렇게 말할 수 있다. "아버지는 아무 희망도 보이지 않고 너무 무서우신 거예요. 그렇죠?" 내면의 감정이 명확하게 표현되고 체험될 때 홀가분하게 자기 상태를 인식할 수 있다. 이는 막혀버린 삶을 다시 흐르게 해준다.

창업에 실패한 다웨이大偉는 매번 카드 결제를 할 때마다 자신의 경제 상황을 떠올린다. 그러면 과거 실패의 그늘이 빠르게 드리워지고 스스로를 이렇게 정의하게 된다. '창업에 실패한, 형편없는 남편이자 아빠, 실패자.'

실패, 거절, 상실 등 불쾌한 경험과 자신을 동일시하는 사람은 무수히 많다. 사회적으로 아무리 성공한 사람도 이런 늪에 빠지면 헤어 나오기 힘들다. 나는 곧 실패라는 잘못된 생각에 빠진 사람은 자기 불만이 강하다. '내가 노력을 덜 했지' '그동안 너무 속 편하게 살았지' 하는 자기와의 대화는 힘을 한층 더 앗아간다.

이럴 땐 생각과 나를 분리해 차분히 관찰해보는 것이 좋다. '노력을 덜 했다는 생각이 다시 드네'라고 생각을 관찰하거나 앞에서 소개한 대로 생각에 이름을 붙여도 좋다. '생각아, 다시 찾아왔네. 내 일상에 관심 가져줘서 고마워. 내용은 이미 다 알고 있으니까 알아서 잘 있다가 가. 난 내 일을 계속해야 하거든.'

한번은 중학생 딸과 아내가 격하게 말싸움을 벌였다. 딸아이는 어떻게든 화해해보려고 했는데 뜻대로 되지 않자 크게 화를 냈다. "무슨 말을 해도 소용없어요. 먼저 미안하다고 세 번이나 말했는데 엄마는 저한테 '난 아쉬운 것 없어' 이러더라고요. 사과로 모든 게 해결되면 경찰이 왜 있겠냐는 말까지 하면서요. 그럴 거면 절 경찰에 신고하시든지요! 도대체 제가 뭘 어떻게 하길 바라는 건지 모르겠어요."

문제 해결 과정에서 반복적으로 뭔가를 했는데 원하는 결과를 얻지 못할 때, 심지어는 더 형편없는 결과가 초래될 때 무기력이 빠른 속도로 용솟음친다. 무기력한 막막함 속에서 공격이나 방어하고 싶은 욕망이 빠른 속도로 나타난다. 딸아이가 바로 이런 상태였다. 우울, PTSD, 불안 등을 겪거나 부부 관계, 부모 자식 관계에서 갈등을 겪는 사람들에게서 이런 현상이 특히 두드러진다. 이때는 일단 무력감부터 처리해야 한다. 무력감을 받아들임과 동시에 내가 나를 통제할 수 있다는 느낌을 다시금 되돌려야 한다. 그러기 위해서 무력감으로부터 차례로 세 걸음 멀어지며 생각을 관찰해보는 것을 권한다.

첫 걸음은 '그 사람과 소통하고 싶지 않아. 뭘 하든 시간 낭비야'라는 무력감을 느끼는 것이다. 그 다음 옆으로 한 걸음 옮겨가서 '이런 생각이 들어. 그 사람과 소통하고 싶지 않고 뭘 하든 시간 낭비라는 생각 말이야'라고 생각해본다. 다시 한 걸음 옮겨가서 이렇게 생각해본다. '내가 방금 이런 생각을 했다는 걸 알아챘어. 그 사람과 소통하고 싶지 않고 뭘 하든 시간 낭비라는 생각 말이야.'

이렇게 하면 무력감을 자아와 분리하고 그 생각이 내 행동에 영향을 주지 못하게 할 수 있다.

정말 많은 내담자가 툭하면 이렇게 말한다. "무슨 말인지는 알겠는데요. 전 그냥 너무 힘들어요. 움직이기 싫고 아무것도 하고 싶다고요!"

감정의 지배를 받게 된 삶의 지배권을 가져오고 싶다면 서로 다른 감정을 대비해보면 좋다. 몸의 동작이나 자세를 통해 무기력한 나와 강한 나를 대비하여 체험하는 방법, 특정 기억을 환기해서 부정적인 감정을 체험한 뒤 긍정적인 느낌을 체험하는 방법이다. 이런 전환은 무력감에서 벗어나 내가 다시 삶을 지배할 수 있다는 사실을 알게 해준다.

관계 문제는 어떨까? 서로의 불쾌감을 처리하고 나면, 서로의 진정한 욕구에 대한 호기심을 유지하면서 이를 탐색하고 효과적인 해결 방안을 찾아나갈 수 있다. 또 상대방에 대한 공감을 토대로 상대방의 행동 의욕을 북돋우고 함께 노력하고 행동하게 된다. 물론 이 과정이 결코 수월하지는 않다. 꾸준히 연습을 반복해야 한다. 어떻게나 자신을 느슨하게 풀어놓을 것인가, 어떻게 효과적으로 경청하고 표현할 것인가 등등 고민해야 할 것도 많다. 이제 많은 사람들이 마주하는 불면증에 대해 살펴보도록 하자.

불면증에서 벗어나고 싶다면

잠이 부족하면 심신에 중대한 타격을 입는다. 2015년 미국수면의학학회American Academy of Sleep Medicine는 매일 달라지는 수면 시간이 건강에 끼치는 영향을 발표했다. 연구는 하루 수면 시간이 일곱 시간 이하로 오랜 기간 유지되면 비만, 당뇨, 고혈압, 심장병, 중풍 등의 문제가 나타나고 면역력도 손상될 가능성이 있다고 지적했다. 수면 부족은 대뇌 기능에도 심각한 영향을 끼치는데 기억력, 창의력, 판단력, 결정 능력이 떨어지고 실수가 훨씬 잦아지며 더 충동적으로 행동하고 더 쉽게 우울증에 시달리게 된다. 수면 시간과 사망률 사이에도 상관관계가 있다. 오랜 기간 네 시간 이하로 잠을 잔 사람은 연구 기간 내의 사망률이 일곱 시간을 잔 사람보다 2.8배나 높았다.

신경과학자 러셀 포스터Russell Foster는 정신질환과 수면 부족 사이에 고도의 상관관계가 존재한다고 지적한다. 우울증, 조현병 등의 정신질환이 일어나기 전 통상 수면 능력이 훼손되는 문제가 나타나는데, 이때 개입해서 수면의 질을 높이면 발병 증상의 50퍼센트를 떨어뜨릴 수 있다.

충분한 수면을 유지할 경우, 주의력, 기억력, 판단력, 창의력, 결정 능력 등 각종 능력을 효과적으로 개선할 수 있다. 동시에 정서 관리 능력도 강해지고 분노와 스트레스가 크게 줄어들며 충동과 음주도 훨씬 줄어든다. 질 높은 수면을 유지하는 것이 바로 신체 건강을 유지하는 길이다.

앞에서 이야기했듯 인간의 신체에는 투쟁-도주 패턴과 소화-휴

7장. 삶의 고민에 대처하는 법

식 패턴이 있다. 일단 위협을 감지하면 몸은 신속하게 투쟁-도주 패턴으로 전환된다. 위협을 감지한 순간 대뇌는 시시각각 경계를 유지하면서 위협을 관찰하고 대응 방안을 생각한다. 그러므로 투쟁-도주 패턴 아래에서 대뇌는 맑게 깨어 있으며 절대 잠들지 않는다. 효과적인 수면은 신체가 이완 상태일 때만 가능하다. 이런 의미에서 잠드는 능력은 곧 이완하는 능력이다. 잠을 이루지 못할 때 눈을 감고 진지하게 생각해보자. 내가 이완하는 능력을 상실한 건 아닌가?

상담을 하다 보면 곤혹스러워하는 내담자들이 아주 많다. "최근에 긴장하거나 초조했던 일도 없는데 왜 이렇게 잠을 못 자는 걸까요?" 우연히 찾아온 불면에 신경 쓰다 보면 불면증이 장기화된다. 하루의 긴장, 피로 또는 흥분 탓에 이리저리 뒤척이다 잠들지 못했다면 이는 우연한 불면이다. 이럴 때는 자극원에서 멀어지면 몸이 자연스럽게 이완되면서 질 좋은 수면이 되돌아온다.

하지만 어떤 때는 이 불면의 경험이 기억으로 남아 확대되기도 한다. '어제 잠을 못 잤으니까 오늘은 자야 해. 내일 중요한 일도 있으니까'라면서 침대에 누워 자신을 재촉한다. '오늘 밤에는 제발 자자. 얼른 자자고.' 이런 생각이 머릿속을 차지해버리면 그 자체로 새로운 불면 요인이 돼버린다.

불면을 호소하는 많은 사람들이 밤새워 뒤척이다가 점차 밝아오는 하늘을 바라보며 돌연 해방됐다는 느낌을 받는다. '또 하룻밤을 망쳤구나. 또 못 잤어.' 이러고 나면 신기한 일이 벌어진다. 그제야 갑자기 몸이 이완되고 잠이 오는 것이다. 하늘이 밝았으니 계속 싸워야 할 이유가 사라진 것이다.

불면으로 고통받으면 효과가 좋다는 온갖 방법을 시도해보게 된다. 자기 전에 따뜻한 물로 족욕하기, 샤워하기, 30분 전부터 책 읽기, 따뜻한 우유 마시기 등 이런 방법은 잠깐 효과가 있을지 몰라도 순식간에 마력을 상실한다. 왜일까?

불면의 핵심은 투쟁-도주식 사고가 대뇌를 끊임없이 활성화하는 데 있다. '곧 잘 수 있을 거야' 하며 잠들지 못하는 자신을 위로하는 사람도 있지만, 불행하게도 이런 대화로는 내가 잠들지 못했다는 사실을 반복해서 확인하게 될 뿐이다. '나 자고 있는 건가? 어쩌자고 아직도 안 자고 있는 거야!' 불안한 기다림 속에서 자기 위로의 환상은 순식간에 박살난다. 자신의 가짜 위로를 의심하기 시작하고 이로 인해 정신은 더 또렷해진다.

'졸린 것 같아' 또는 '자든 못 자든 상관없어' 하는 사람도 많은데 이런 거짓 수용에 담긴 통제 욕구는 정신만 더 맑아지게 할 뿐이다. '무슨 문제 있나? 어째서 다른 사람처럼 잠들지 못하는 거야' '진짜 망했어' '기운 내자' 등 자기 자신에게 초점을 맞추면 문제는 더 심각해진다. 이때는 대뇌에서 벌어지는 자기와의 투쟁을 해결하고 몸을 이완 패턴으로 전환해야 한다. 그러나 우리가 흔히 쓰는 방법은 이런 작용을 하지 못한다.

책 읽기, 우유 마시기, 족욕, 샤워 등과 같은 방법들은 어째서 지속적으로 효과를 내지 못할까? 불면이 없던 이전의 날들을 생각해보자. 그때는 잠을 자기 위해 뭔가 할 필요가 없었다. 그냥 자연스럽게 잠이 온 것뿐이다. 이런 잠자기 전 방법들은 수면 통제 수단이 되어 이 같은 목소리를 대량으로 방출한다. '자, 해야 할 일을 다 했으니까

이제 얼른 자야지.' 이런 독촉은 도움이 되지 않는다. 일부러 일찍 침대에 눕는 방법 역시 불안만 가중시킨다.

잠이 올 때까지 뭔가를 하는 사람들도 있다. 일을 한다든가 뭘 먹는다든가 물을 마신다든가 요가를 한다든가 아니면 그냥 방 안을 이리저리 배회하기도 한다. 이런 활동은 대뇌에서 떠오르는 생각이나 불안감에서 떨치는 데는 도움이 되지만, 일단 침대로 돌아가면 생각이나 불안감은 다시 나타나고 그러고 나면 또다시 침대에서 일어날 수밖에 없게 된다. 이런 식으로 잠자리에 들었다가 습관적으로 일어나 뭔가를 하다 보면 불면은 더 악화된다.

호흡 조절, 신체 이완 등 불면에 효과적인 방법을 쓰는 이들도 있다. 그런데도 어째서 여전히 잘 수 없는 걸까? 이유는 이런 방법들을 쓰면서 시시각각 아직 잠을 못 자고 있는지 신경을 쓰기 때문이다. 확인과 그로 인한 공포와 불안이 잠을 방해하는 것이다. 즉, 불면에 대한 공포 그리고 불면 중에 잠을 통제하려는 노력이 불면의 가장 근본 원인이다.

어떻게 해야 통제하려는 마음을 내려놓고 수용과 이완으로 넘어갈 수 있을까? 영국에서 불면증 치료 단체인 수면 학교Sleep School를 설립한 가이 메도스Guy Meadows 박사는 불면으로 고통받는 수천 명에게 수용전념치료법을 적용하여 만족할 만한 결과를 얻었다. 메도스 박사는 불면에 시달리는 사람들이 늘 맞닥뜨리는 전투적인 사고를 다음과 같이 정리했다.

1. 실패할 것이다

실패할 거라는 공포는 잠들지 못하는 가장 큰 요인이다. 이튿날 해야 할 업무를 해낼 수 없을까 봐, 아니면 그냥 다른 사람처럼 정상적으로 잠들지 못한다는 점을 걱정하기도 한다.

2. 몸이 상할 것이다

단기적인 불면을 겪을 경우, 몸이 불편하거나 과도한 피로감이 몰려오거나 두통, 불안 등을 느낄 수는 있어도 이 때문에 실제로 몸이 상하지는 않는다. 심지어 많은 우울증 연구에 따르면 단기적인 수면 박탈은 심각한 우울증을 완화하는 데 도움이 된다. 하룻밤 못 잤다고 몸이 상하지는 않는다.

3. 약물의 도움 없이는 잠들지 못할 것이다

약물에 의존하고 자신을 믿지 못하는 것, 불면증에 시달리는 정말 많은 사람이 맞닥뜨리는 거대한 장애물이다. 특히 약물 금단 현상이 나타나면 단기적으로 수면이 더 엉망이 될 수도 있다. 날 찾아온 한 내담자는 9년 동안 약을 먹어왔는데 자기 인식과 이완 기술을 연습하며 약을 끊는 도전을 시작했다. 실패와 재도전을 거듭하기는 했지만 그리 어렵지 않게 해냈다.

4. 생각이 너무 많다

처음 불면증을 해결하려고 할 때 많은 사람이 밀려드는 생각을 통제하지 못해 좌절한다. 그러고는 생각이 너무 많다고 자책한다. 평가보다는 어떤 상태에 처해 있는지 정확하게 인식하는 것이 행동을 취하고 불면증의 고통을 해결하는 데 훨씬 더 유리하다.

5. 고통스럽고 불행하다

이런 피해 의식을 가지면 불공평하다는 생각과 분노가 일고 심리적 문제에서 순조롭게 빠져나올 수 없게 된다. 가이 메도스의 연구에 따르면 불면은 결코 혼자만의 문제가 아니다. 대략 30퍼센트의 성인이 불면으로 고통받는다.

6. 지금은 잠에 신경쓸 때가 아니다

일이나 육아 스트레스가 심할 때 드는 생각이다. 솔직한 사람이라면 변화하기 적절한 때란 영원히 존재하지 않는다는 사실을 인정할 것이다. 사람은 설사 이익이 된다 해도 변화에 본능적으로 저항부터 하기 때문이다.

7. 너무 지친다. 못 버티겠다.

피로는 동력을 떨어뜨리고 불쾌한 체험을 피하게 만든다. 불면을 효과적으로 처리하려면 태도를 바꿔 불면을 끌어안아야 한다. 사실 수용은 아주 간단하다. 지금 이 순간 이곳에 주의를 집중하여 오감으로 주변 세계를 감지하는 것이 바로 수용이다. 간단한 호흡 조절로 들숨과 날숨 사이에 주의를 집중해보는 것도 좋다.

상상해보자. 가장 친한 친구와 함께 쉬고 놀면 어떤 느낌일까? 다시 상상해보자. 전장에 나갔다가 적이 매복한 곳으로 잘못 들어갔다면 또 어떤 느낌일까? 사람은 위협에 맞닥뜨리면 반드시 스트레스 반응이 일어난다. 이는 지속적인 각성을 불러일으킨다. 친구들 사이에 있으면 친절하고 우호적인 분위기 속에서 방어 의식이 빠른 속도로 떨어지고 몸이 투쟁-도주 상태에서 소화-휴식 상태로 전환된다. 잠드는 데 필요한 게 바로 이것이다.

딸아이는 잠잘 때 느끼는 내면의 공포를 친구 사귀는 방식으로 처리했다. 그런데 시간이 흐른 뒤 이 방법도 쓸모가 없어졌다며 불평을 해댔다. 매일 침대에 눕고 한참이 지나서야 잠이 드는데 숫자나 양을 세는 방법도 아무 효과가 없다고 말이다.

그래서 나는 딸에게 호흡 조절법을 가르쳐줬다. "호흡을 조절해봐. 숨을 들이쉴 때 1에서 4까지 숫자를 세고 그다음 숨을 내쉴 때는 1에서 6까지 세는 거야. 평온한 리듬으로 말이지."

일주일 뒤 딸이 학교에서 집으로 돌아와서 말했다. "아빠가 가르쳐준 방법 전혀 쓸모가 없어. 그래서 내가 더 좋은 방법을 찾아냈어."

"오, 무슨 방법인데?" 나는 무척 궁금했다.

"아빠가 알려준 호흡법은 할수록 정신만 맑아져. 그래서 숨을 들이쉴 때 1을 세고 숨을 내쉴 때 2까지 셌어. 호흡 리듬이 1 : 2, 1 : 2가 됐는데 그렇게 하니까 순식간에 잠이 오더라고."

딸아이는 다시 한 번 내게 일깨워줬다. 4를 세고 6을 세는 호흡 조절도 수면의 적이 될 수 있다는 사실을 말이다. 무엇이든 통제하려는 마음이 불면의 원인이다. 통제를 놓고 싶다면 이 책에서 제시한 연습들을 본인에게 적용해 시도해보기 바란다.

문제 해결의 첫 단계는 올바른 목표 설정

지금까지 심리적 문제를 해소하는 다양한 기술을 소개했다. 이 책에서 다룬 모든 내용은 어떻게 생각과 감정을 효과적으로 처리할지에 초점이 맞춰져 있는데 아직 소개하지 않은 중요한 기술이 하나 있다. 내가 진짜 원하는 것에 대해 효과적으로 목표를 설정하는 방법이다. 목표를 설정할 때 우리는 통상 내적 소모를 불러일으키는 세 가지 함정에 맞닥뜨리게 된다.

첫 번째 함정은 목표가 인간 본성에 위배될 때다. 푸웨이傅偉는 엔지니어다. 불안증으로 1년 내내 병원을 들락거렸고 의사의 당부에 따라 약을 먹었다. 심리상담도 1년 넘게 받았고 다양한 심리치료법을 시도했다. 하지만 이런 노력에도 불안증은 사라지지 않았다. 지금도 일을 할 때면 갑작스러운 손과 얼굴 근육의 경련, 눈가의 긴장, 신체 다른 부위에서 느껴지는 찌릿함 등 이런저런 자극에 너무 쉽게 주의를 빼앗긴다. 일에 집중하지 못하고 심각한 피로를 느낀다. 2주 동안 자기 이완과 생각 관찰 훈련을 해본 뒤 그는 놀라운 깨달음을 얻었다. 머릿속에 어떤 목소리가 끊임없이 등장한다는 것, 그 목소리가 계속해서 온갖 심판을 내린다는 것을 말이다.

몇 주 뒤 푸웨이는 불안감을 완화하는 데는 성공했지만 불안감을 뿌리 뽑지는 못했다. 그는 내게 중요한 질문을 하나 던졌다. "언제

쯤 이 모든 고통에서 완전히 벗어날 수 있을까요?"

푸웨이는 '고통으로부터 완전히 벗어나는 것'을 목표로 삼았기 때문에 계속해서 힘들 수밖에 없었다. 문제 해결의 목표는 길을 밝히는 등대이자 효과를 평가하는 근거다. 그러나 잘못된 목표는 현실과의 거대한 격차로 인한 좌절감을 몰고 온다. 푸웨이는 목표 설정에 있어 첫 번째 함정에 빠졌다. 자연법칙을 위배하면 문제가 효과적으로 해결되는 게 아니라 복잡해진다는 함정이었다. 사람은 누구나 매일 불쾌한 감정을 느낀다. 이것은 우리가 통제할 수는 없는 인간 본성이다. 따라서 목표를 고통에서 완전히 벗어나는 것으로 잡으면 고통만 더하는 셈이 된다. 불쾌감을 받아들이고 정확한 가치관에 따라 전진하는 것으로 목표를 정할 때 새로운 성장의 틀을 열 수 있다.

두 번째 함정은 목표를 통제 밖의 범위에서 잡는 것이다. 샤오난肖楠의 아내는 우울증을 앓고 있었다. 낮에는 불안에 시달리며 온갖 잡념에 빠져 있다가 밤이면 잠을 이루지 못하고 다른 사람에게 늘 미안해했다. 고통스러워하는 아내를 보며 샤오난은 마음이 조급해졌다. "선생님, 어떻게 해야 아내가 불안에 시달리지 않을까요. 어떻게 도와줘야 아내가 우울증에서 벗어날 수 있을까요?"

샤오난의 문제에 대답하기란 여간 어려운 일이 아니다. 아내가 우울증에서 벗어나려면 아내에게 내면의 힘이 있어야 하기 때문이다. 샤오난이 무조건적으로 아내를 지지해줄 수는 있지만 아내의 내면까지 통제할 수는 없다. 너무나 많은 내담자가 타인과 환경의 변화를 목표로 설정한다. 이를테면 이렇게 묻는 고등학생이 있다. "어떻게 해야 사람들이 모두 절 좋아할까요?" 이렇게 묻는 아내도 있다.

"제가 어떻게 해야 남편이 그 여자 곁을 떠날까요?" 이렇게 묻는 직장인도 있다. "제가 어떻게 해야 저에 대한 사장님의 생각이 바뀔까요?"

타인과 환경의 변화를 겨냥한 이 모든 목표를 나는 전혀 통제할 수가 없다. 이렇게 목표를 통제 밖에 두면 영원히 고통에서 벗어날 수 없을 것이다.

마지막 함정은 목표와 가치의 분리다. 고통에 빠진 내담자에게서 흔히 보게 되는 현상 중 하나가 내담자의 삶이 감정에 좌우되는 것이다. 고등학생 완칭晚晴은 한 달 동안 격렬한 행동의 변화를 보였다. "열심히 공부하고 싶은데 매일매일 너무 힘이 들어요. 그래서 밤이면 밤마다 친구가 해놓은 숙제를 베낀답니다. 저도 이러고 싶지 않은데 성적이 나날이 떨어지니까 너무 불안해요. 어떻게 해야 불안하지 않을 수 있을까요?"

그러게 말이다. 뭘 어떡해야 할까? 완칭의 가치관에 맞는 행동은 공부를 하는 것이다. 그러나 완칭은 매일매일 고통을 줄이겠다는 목표를 선택했고 그래서 친구의 숙제를 베끼는 행동을 택했다. 완칭에게는 효과적으로 고통을 처리하는 기술이 부족했다. 그러다 보니 자기도 모르게 자신의 가치를 포기하고 가치 실현에 필연적으로 수반되는 불쾌감을 체험하지 않으려고 한 것이다.

완칭은 '매일매일 힘들다'는 불쾌감을 수용하고 환영함으로써 이를 끌어안고 자신의 가치관을 지켜나가야 한다. 불쾌감의 출현은 내가 통제할 수 있는 부분이 아니다. 하지만 어떻게 처리할지는 스스로 선택할 수 있으며 통제할 수도 있다. 물론 여기까지 해내려면 실패에

대한 내면의 공포와 마주하고 자신이 져야 할 책임을 용감하게 감당
할 수 있어야 한다.

연습해보자

1. 진지하게 생각해봅시다. 어느 날 당신이 공포, 슬픔, 분노, 수치, 자책, 고독, 혐오 등 불쾌한 감정의 지배로부터 완전히 벗어나게 된다면 어떤 삶을 살고 싶습니까? 이런 삶을 살기 위해 어떻게 해야 할까요? 또는 어떤 변화가 필요할까요?

2. 불면으로 고통받는 친구에게 불면의 원인을 알려주고 어떻게 행동하면 좋은지 조언해줄 수 있습니까?

3. 이 책을 다 읽은 뒤 내적 소모를 끝내는 방법들을 요약해볼 수 있습니까?

부록
자주 겪는 심리적 문제 FAQ

1. 문화적 환경에서 느끼는 갈등

Q : 문화적 영향 탓에 늘 자신에게 독하게 굴고 더 많은 걸 요구해왔습니다. 유능해지기 위해서 쉼 없이 노력해야 한다고 생각해온 것이죠. 그러지 않으면 인생을 낭비하는 것 같았고요. 가끔 저 스스로도 만족스러울 때가 있기는 합니다만 얼마 못 가 새로운 목표를 보게 되고 그러고 나면 또다시 불만을 느끼기 시작합니다. 언제나 더 많은 걸 얻고자 하는, 그러지 않으면 불안한 마음을 어떻게 해야 할까요?

A : 현대 사회가 분투를 장려하고 노력을 찬미하기는 합니다. 하지만 그렇다고 내면의 고요를 얻을 수 없는 것은 아닙니다. 불안의 핵심은 자기 억압식 사고입니다. 그러니 불안할 때는 감정의 파도타기 기술(171쪽)을 연습해보고, 감정이 누그러졌을 때는 생각 명명 대화법(128쪽)을 연습해보세요. 미래가 걱정될 때는 시간관을 조정(108쪽)해보시고요. 더 많은 걸 얻고 싶고자 하는 마음이 야기하는 초조와 불안을 효과적으로 처리해줄 것입니다.

2. 자기 의심

Q : 마음을 안정시키는 연습을 할 때면 늘 목소리 하나가 저를 방해

해요. '넌 하는 게 틀렸어. 제대로 못 한다고. 그렇게 해서 무슨 의미가 있겠어?' 어떻게 해야 할까요?

A : 그런 생각은 언제나 존재합니다. 방해를 받으면 '아, 나 또 다른 생각을 했네' 하고 간단하게 한마디 하고 주의를 되돌리는 연습을 해볼 수 있겠죠. 생각 명명 대화법(128쪽)으로 이런 생각들을 오히려 환영하는 것도 좋고요. 중요한 건 방해가 있어도 연습을 계속하는 것입니다.

3. 불안

Q : 불안증을 앓고 있습니다. 벌써 6개월이나 상담을 받았고 상담 선생님이 알려주신 방법들도 다 써봤습니다. 하지만 솔직히 다 소용이 없어요. 전 여전히 늘 불안에 시달려요. 어떻게 해야 벗어날 수 있을까요?

A : 이 책이 전하고자 하는 핵심 메시지 중 하나가 바로 어떤 종류의 불쾌감이든 그 존재 가치가 있으며 이를 부인, 무시, 회피해서는 안 된다는 겁니다. 불안도 그렇습니다. 불안이 정말 끔찍하다는 심판을 내려버리면 불안을 적으로 만드는 꼴이 됩니다. 적 앞에서 대뇌는 자동으로 투쟁-도주 상태에 진입하고 이런 상태에서는 안정적 삶이 어렵죠. 불안을 친구로 전환하고 마음을 이완해서 불안 뒤에 자리한 가치를 찾아가야 합니다. 목표가 불안에서 벗어나는 것이라면 얻을 수 있는 건 좌절뿐입니다.

불안해지면 감정의 파도타기 기술(171쪽)을 활용해보세요. 생각 처리 기술(183쪽)로 불안을 받아들일 수도 있겠네요. 또는 호흡 조절 기술(139쪽)로 불안의 충격을 받아들이고 경직된 마음을 느슨하게 풀 수도 있고요. 불안을 무시하는 방법은 자기감정을 억제하는 것입니다. 무시는 감정의 뇌와 이성의 뇌의 충돌을 유발함으로써 행동력을 약화시킨다는 사실을 잊지 말기 바랍니다.

4. 의지 감소

Q : 선생님과 함께 심리 기술을 연습할 때는 변화가 느껴집니다. 그렇지만 상담 이후에는 연습하기가 싫고 구석에서 웅크리고 있게 돼요. 좀 도와주세요.

A : 우리가 아주 쉽게 빠지는 감정의 함정이 있습니다. 바로 기분이 좋아야만 행동한다는 함정입니다. 어떤 변화든 대뇌는 일종의 도전으로 받아들이므로 기분이 좋을 수가 없습니다. 그러니 기분이 좋아야만 행동을 할 수 있다면 변화는 영원히 일어날 수 없습니다. 또 하나, 구석에 웅크리고 있든 적극적으로 심리 기술을 연습하든 모두 내 선택입니다. 그 선택이 본인이 원하는 삶을 사는 데 어떤 도움을 줄 수 있을지 그걸 생각하길 바랍니다.

5. 생각을 통제한다는 것

Q : 선생님은 인간의 생각과 감정은 통제할 수 없다고 하셨잖아요. 하지만 생각이 곁길로 빠질 때마다 선생님이 가르쳐준 방법을 쓰면 다시 생각을 집중할 수 있어요. 이건 생각을 통제하는 게 아닌가요?

A : 생각과 감정은 통제할 수 없는 게 맞습니다. 오랜 심리학 연구를

통해 그렇게 밝혀졌으니까요. 생각을 전환하는 건 통제가 아니라 선택입니다. 통제란 이런 겁니다. '절대로 정신을 딴 데 팔면 안 돼. 내 생각을 통제해야 해. 정신을 딴 데 팔면 안 된다니까.' 물론 이런다고 통제될 리 없죠.

주의력 전환은 절대 이런 식으로 되지 않습니다. 현재 사실을 수용한 이후에 다른 선택을 하는 것입니다. '난 내가 어디에 집중할지 선택할 수 있어'라고 말입니다. 통제는 초조감과 자기 투쟁을 유발합니다. 그러나 수용은 긴장을 풀어주고 내가 원하는 쪽으로 정확히 행동할 수 있게끔 돕습니다.

6. 자아와 초자아

Q : 전 자아와 초자아가 모두 과하게 강한 데다가 끊임없이 충돌을 일으킵니다. 아이스크림을 먹고 싶을 때 초자아는 살찐다고 하고 자아는 먹고 싶으면 먹으라고 하는 식이죠. 결과적으로 매일 모순적이고 우유부단한 상태가 됐습니다. 초자아와 자아가 균형을 잡으려면 어떻게 해야 할까요?

A : 먼저 초자아와 자아의 개념을 잊어버리세요! 개념을 다듬고 사용하는 건 세상을 이해하는 데 도움이 됩니다만, 동시에 개념에 과하게 천착하면 경직되고 단일한 시각으로 세상을 해석하게 돼서 진실한 다른 정보를 놓치게 됩니다. 또한 개념 간의 차이가 너, 나, 그 등 인위적인 구분을 야기해 그 사이의 끝없는 투쟁을 유발하고요.

내 안의 개념끼리 충돌하게 두지 마세요. 둘 중 무엇이 더 옳다는 건 없습니다. 다만 내 선택이 있을 뿐이지요. 대뇌에서 벌어지는 자아 갈등은 내 가치관에 따라 행동하는 것으로 해결할 수 있습니다. 명확한 가치관을 확립하고 그에 따라 생각과 행동을 선택하면 갈등이 덜할 것입니다.

7. 극단적인 생각

Q : 머릿속에서 늘 극단적인 생각이 떠오릅니다. 길을 걸을 때는 차에 치이면 좋겠다는 생각이 들고 높은 곳에 있을 때는 '여기서 떨어지면 더는 고통스럽지 않겠지' 하고 생각해요. 이런 생각을 어떻게 처리해야 하나요?

A : 극단적인 생각을 하는 사람은 생각보다 정말 많습니다. 이 책에서 소개한 심리 기술의 핵심은 도피, 무시, 부인 등의 무의미한 심리 패턴을 수용 패턴으로 전환하는 것입니다. 극단적인 생각도 마찬가지입니다. 본인이 그 생각을 적으로 돌리고 그 생각과 싸울수록 적에게 더 강한 힘을 부여하는 꼴이 됩니다.

반면 수용은 극단적 생각을 여러 가지 생각 중 하나일 뿐이라고 여기는 것입니다. 극단적인 생각을 심판하지 말고 그냥 관찰만 하면 모든 생각과 감정에는 다 의미가 있다는 사실을 알게 됩니다. 극단적 생각의 배후에 내가 변해야 한다는 사실이 있다는 것처럼 말입니다.

8. 단점 개선

Q : 매일 저 자신을 되돌아봅니다. 부족한 점을 발견해서 다음엔 더

잘하고 싶거든요. 하지만 결점이 쉽게 고쳐지지 않아요. 팀원에게 쉽게 화를 낸다든가 아주 쉽게 흥분한다든가 하는 결점들 말입니다. 이유가 뭘까요?

A: 동양 문화권에서는 예전부터 반성하는 자세를 높게 샀습니다. 자기 성장의 중요한 걸음으로 봤죠. 하지만 반성은 홀로 존재하지 않습니다. 아쉽게도 여전히 많은 사람이 반성을 생각의 측면에 국한해서 봅니다. '내가 왜 그랬지' 하는 생각은 다른 생각으로 끝없이 이어집니다. 그러다 보면 소중한 심신의 자원이 고갈되어 정작 반성에서 가장 중요한 '어떻게'를 놓치게 됩니다.

대뇌가 낯선 환경에서 행동을 결정하는 기준은 이성이 아닌 습관이라는 사실을 이 책에서 확인했을 겁니다. 그러므로 자기반성이 효과적이려면 '어떻게'를 반드시 생각해보고 행동으로 옮겨야 합니다. 언급하신 화나 흥분 등은 모두 특정한 상황에서 보이는 행동입니다. 그 뒤에는 뇌 신경회로를 기반으로 한 습관이 자리하고 있고요. 이 습관을 고치려면 반성이 아니라 전혀 새로운 행동 패턴을 연습해야 합니다. 꾸준히 노력하고 실천해야 하죠.

9. 가치관 찾기

Q: 변화하고 싶다면 자신의 가치관을 명확히 하고 고통스럽더라도 그 가치관에 따르는 행동을 고수해야 한다고 하셨습니다. 하지만 전 제 가치관이 뭔지 모르겠습니다.

A: 정확히 알고 계시네요. 자신의 가치관을 알지 못하면 원초적인 고통 속에서 길을 잃기 쉽습니다. 정확한 가치관을 찾지 못했다

면 한 발 뒤로 물러서서 다른 문제의 답을 찾아보는 것도 좋습니다. 내가 제일 두려워하는 것은 무엇일까? 나는 무엇에 가장 분노할까? 이런 문제들 말입니다. 가치관이 공포와 분노 속에 숨어 있을 때가 있거든요. 가령 다른 사람이 날 무시할까 봐 두렵다면 내 가치관은 인정받는 사람이 되는 것입니다. 그 가치관에 따라 자기 계발과 성장을 하는 것이 심리적으로 좋습니다.

다른 예를 들어볼까요? 광장공포증으로 사람들 사이에 있는 것이 두려운 사람이라면 그의 가치관은 진심 어린 인간관계입니다. 그 가치관에 따르면 사람들로부터 멀어지는 것보다 오히려 가까이 다가가는 쪽이 좋죠. "부모님이 저를 존중해주지 않아 화가 납니다"라고 말하는 사람의 가치관은 부모님의 인정을 받는 독립적인 사람이 되는 것이고요. 그러자면 부모님이 자신을 무시한다고 화를 낼 것이 아니라 부모님과의 관계를 개선하는 쪽에 초점을 맞춰야 합니다.

10. 받아들이기와 내려놓기

Q : 선생님은 좋든 싫든 자신의 감정과 생각을 받아들이라고 하십니다. 전 그 말이 줏대 없이 무조건 받아들이는 거로 이해되는데 맞나요?

A : 받아들이기와 내려놓기의 핵심은 줏대 있다 없다가 아니라 통제할 수 없는 생각과 감정을 무시하고 억누르지 않는 것입니다. 감정의 뇌와 이성의 뇌를 계속 충돌시켜봤자 내적 소모를 불러일으킬 뿐이기 때문입니다. 이 순간 내 감정과 생각에 집중하는 것은

포기나 외면이 절대 아닙니다. 받아들이고 내려놓는다는 건 지금 일어나고 있는 일을 사실대로 느끼고 알아가는 것일 뿐입니다.

11. 자책과 자아비판

Q: 좋지 않은 일이나 내 잘못까지 모두 받아들여야 한다고 하셨는데 그러면 제게 발전이 있을까요? 잘못을 저질러놓고도 자책하지 않는다면 변화의 동력이 사라지지 않을까요?

A: 지금까지 우리는 잘못을 하면 설사 그것이 모욕적일지라도 자책이나 타인의 비판을 통해 발전할 수 있다고 믿어왔습니다. 그러려면 사실 조건이 붙습니다. 자책하는 사람, 비판받는 사람이 수치심을 넘어 스스로 적극적으로 행동하고 변화해야 한다는 조건이죠. 그러나 상담과 실증 연구가 쌓일수록 자책과 타인의 비판, 질책에 파괴적인 힘이 지나치다는 사실이 명확해지고 있습니다.

잘못한 일이 있다면 실패가 아니라 성장하는 과정이라고 생각하는 것이 좋습니다. 그래야 긍정적인 변화를 스스로 이끌어낼 수 있습니다.

끝맺는 글

로고테라피Logotherapy의 창시자 빅터 프랭클Viktor Emil Frankl의 명언을 차용해 이 말을 전하고 싶다. "인간에게서 모든 것을 빼앗아갈 수 있어도, 어떤 환경에서도 삶의 태도를 선택할 자유만은 빼앗아갈 수 없다." 이 자유를 통제할 수 있는 사람은 오직 나뿐이다.

과거를 바꿀 수는 없다. 태어난 가정 환경과 성장 경험을 바꿀 수도 없고 살면서 어떤 도전에 맞닥뜨리게 될지도 선택할 수 없다. 하지만 우리에게 온전히 주어진 주도권이 하나 있다. 바로 도전 앞에서 태도와 생각과 행동을 선택할 자유다. 내 삶을 장악하고 통제할 권리는 언제나 나에게 있다.

옮긴이 · 우디
원문의 뉘앙스를 잘 살린, 그러면서 센스도 있는 번역을 하고 싶은 번역가.
《픽스》《한자의 유혹》 등을 번역했다.

하루 한 번,
심리학 공부를
시작했다

초판 발행 · 2020년 7월 9일
2쇄 발행일 · 2020년 8월 20일

지은이 · 위더즈
옮긴이 · 우디
발행인 · 이종원
발행처 · (주)도서출판 길벗
브랜드 · 더퀘스트
출판사 등록일 · 1990년 12월 24일
주소 · 서울시 마포구 월드컵로 10길 56 (서교동)
대표전화 · 02)332-0931 | **팩스** · 02)322-0586
홈페이지 · www.gilbut.co.kr | **이메일** · gilbut@gilbut.co.kr

기획 및 편집 · 허윤정 (rosebud@gilbut.co.kr) | **제작** · 이준호, 손일순, 이진혁
영업마케팅 · 한준희 | **웹마케팅** · 이정, 김선영 | **영업관리** · 김명자 | **독자지원** · 송혜란, 홍혜진

디자인 · studio 213ho | **교정교열** · 최지은 | **CTP 출력 및 인쇄** · 북토리 | **제본** · 신정문화사

ISBN 979-11-6521-208-7 (03180)
(길벗 도서번호 040152)

정가 : 15,000원

독자의 1초를 아껴주는 정성 길벗출판사

길벗 | IT실용, IT/일반 수험서, IT전문서, 경제실용서, 취미실용서, 건강실용서, 자녀교육서
더퀘스트 | 인문교양서, 비즈니스서
길벗이지톡 | 어학단행본, 어학수험서
길벗스쿨 | 국어학습서, 수학학습서, 유아학습서, 어학학습서, 어린이교양서, 교과서

페이스북 www.facebook.com/thequestzigy
네이버 포스트 post.naver.com/thequestbook